LIDERANÇA EM FOCO

MARIO SERGIO CORTELLA
EUGENIO MUSSAK

LIDERANÇA EM FOCO

PAPIRUS 7 MARES

Capa: Fernando Cornacchia
Coordenação: Beatriz Marchesini
Transcrição: Nestor Tsu
Edição: Aurea Guedes de Tullio Vasconcelos
Diagramação: DPG Editora
Revisão: Ana Carolina Freitas e
Elisângela S. Freitas

Dados Internacionais de Catalogação na Publicação (CIP)
(Câmara Brasileira do Livro, SP, Brasil)

Cortella, Mario Sergio
Liderança em foco/Mario Sergio Cortella, Eugenio Mussak. – 7ª ed. – Campinas, SP: Papirus 7 Mares, 2012. – (Coleção Papirus Debates)

ISBN 978-85-61773-07-6

1. Diálogo 2. Liderança I. Mussak, Eugenio. II. Título. III. Série.

11-14203 CDD-170

Índice para catálogo sistemático:
1. Liderança: Ética: Filosofia 170

Exceto no caso de citações, a grafia deste livro está atualizada segundo o Acordo Ortográfico da Língua Portuguesa adotado no Brasil a partir de 2009.

6ª Reimpressão
2016

R. Dr. Gabriel Penteado, 253 – CEP 13041-305 – Vila João Jorge
Fone/fax: (19) 3790-1300 – Campinas – São Paulo – Brasil
E-mail: editora@papirus.com.br – www.papirus.com.br

SUMÁRIO

N.B. Na edição do texto foram incluídas notas explicativas no rodapé das páginas. Além disso, as palavras em **negrito** integram um **glossário** ao final do livro, com dados complementares sobre as pessoas citadas.

Liderança: Dom ou virtude?

Eugenio Mussak – Já faz um bom tempo que tanto eu como você, Cortella, estamos envolvidos com a questão da liderança, de ser líder ou de desenvolver essa habilidade. Acompanho seu interesse, suas reflexões e sua atuação na área da educação e confesso que compartilho muitas de suas ideias a respeito do tema. Por isso estou entusiasmado com a oportunidade deste livro.

Mario Sergio Cortella – Pois é, Mussak. E apesar de se ouvir falar sobre liderança, sobre a necessidade de formar líderes, falta ainda esclarecimento. Assim, é muito bem-vinda esta possibilidade de nos reunirmos para este papo tão estimulante. Quando discutimos aspectos como o que se entende hoje por liderança, quais as principais características do líder e o que se espera dele, entre outros tantos, podem vir à luz reflexões que acabam por se revelar inovadoras.

Mussak – É verdade. Por exemplo, a que área pertence o estudo sobre liderança? No meu entender, a várias: desde a antropologia, a sociologia, a psicologia – enfim, o humanismo de modo geral –, mesmo porque liderança não é cargo. Nas organizações existem cargos de gerente, diretor, supervisor, superintendente, mas não de líder, embora algumas empresas adotem essa denominação. Em princípio, liderança não é cargo, mas uma condição, um comportamento humano. E, logicamente, é desejável que as pessoas que ocupam esses cargos comportem-se como líderes, o que nem sempre acontece.

Cortella – Também costumo enfatizar a ideia de que *liderança*, tal como você disse, não é um cargo em que o indivíduo desempenhe uma atividade específica. Trata-se, isso sim, de uma atitude, uma função a ser exercida. Logo, não é determinada pela hierarquia em qualquer dimensão.

Passando a vista pela história, deparamos com muitos líderes que não tinham cargos de chefia. Alguns eram até "antichefes". Basta que nos lembremos de figuras como Nelson **Mandela**, Mahatma **Gandhi**, Jesus de Nazaré, Martin **Luther King**, **Sócrates**, Madre Teresa de **Calcutá** – pessoas que não ocupavam nenhum cargo de chefia. Aliás, penso que valeria a pena já examinar a distinção entre as noções de chefia e de liderança. Enquanto a chefia é caracterizada pelo poder de mando sustentado pela posição que a pessoa ocupa em determinada hierarquia (na família, na empresa, na escola etc.), a liderança é uma autoridade que se constrói pelo exemplo, pela admiração, pelo respeito.

Mussak – Nesse sentido, é interessante observar que não existe *vácuo de liderança*. Sempre que se estabelece um agrupamento humano, formal ou informal, em qualquer área de atividade, alguém estará liderando o processo em cada momento. A liderança pode ser compartilhada, pode ser alternada, mas nos grupos humanos, mesmo naqueles constituídos de duas pessoas, ela sempre está presente. Portanto, exercer liderança e ser liderado são condições que caracterizam as relações humanas.

Cortella – E aí a questão é de mão dupla, porque nenhum de nós exerce liderança ou é liderado o tempo todo. Isto é, vivemos as duas condições em momentos variados. É por essa razão que a liderança, no meu entender, é circunstancial, Mussak. É algo que acontece em ocasiões específicas, em determinadas situações, mas nenhum de nós exerce liderança o tempo todo e em todas as situações, dada a impossibilidade de que assim seja. Talvez por isso seja descabida a noção de vácuo de liderança, exceto por intervalos muito pequenos.

Mussak – Não se pode nem mesmo contar a história da humanidade sem mencionar as pessoas que protagonizaram as grandes mudanças, os grandes momentos. Até quando falamos, por exemplo, da Revolução Francesa, em que não houve um grande líder como viria a ser Napoleão **Bonaparte**, que surge pouco depois, não é possível abordar o fato sem fazer referência a seus protagonistas, como foram **Danton**, **Robespierre**, **Marat**, além daqueles cujas ideias deram início à revolução, como **Rousseau** e **Voltaire**. Portanto, sempre haverá líderes ou pessoas que, de alguma forma, desencadeiam os processos. E não importa a hierarquia ou o poder que essas pessoas têm, são líderes.

Cortella – Você mencionou Napoleão. Às vezes, em meio a uma conversa, as pessoas perguntam se ele foi um líder, se **Hitler**, **Stalin** ou mesmo Gêngis **Khan** foram líderes. Em outras palavras, se pessoas que têm um vínculo com a brutalidade, muitas vezes com o poder despótico e a violência, com a lógica do "fazemos qualquer coisa a qualquer custo", podem ser classificadas como líderes. Nesse ponto faço uma distinção, e gostaria de saber sua opinião sobre o assunto.

Defendo que liderança não é dom, mas virtude. Aliás, é exatamente porque não é um dom que podemos debater o tema. Porque, se fosse dom, não haveria discussão: a pessoa nasce ou não com esse traço; ela o possui ou não. Já que não é dom, podemos considerá-la virtude. A filosofia define virtude como força intrínseca, capacidade a ser desenvolvida – e eu sempre entendo virtude como uma força intrínseca que dirige o indivíduo para o bem. Em contrapartida, a força intrínseca que dirige para o mal é o vício. Voltando então a Napoleão: porque ele tinha não a virtude da liderança, mas o vício do poder despótico, entendo que ele não era um líder. Como você vê isso?

Mussak – Cortella, você questiona se a pessoa nasce com essa habilidade ou a desenvolve. Pelo que você está dizendo, ela pode desenvolver a liderança precisamente porque se trata de uma virtude.

Cortella – Justo: ela já nasce com a virtude, mas ainda terá que desenvolvê-la, praticar seu potencial de liderança.

Mussak – A sua perspectiva é, evidentemente, filosófica. Já a minha visão fundamenta-se, em parte, na biologia, o que se justifica pelas diferenças em nossa formação. Vejo a capacidade de liderar pessoas, de conduzi-las em direção a um determinado objetivo, de modificar o comportamento do grupo para o bem ou para o mal (e aí estaríamos separando o vício da virtude) como uma espécie de força interior que cada um possui. Considero que todos, sem exceção, a possuem, porém, em alguns indivíduos essa força é maior do que em outros. E, independentemente de sua intensidade, essa força, essa capacidade de influenciar as pessoas, precisa, sim, ser trabalhada. Como você diz, é uma virtude em potencial que precisa ser burilada sob pena de essa força não se transformar em virtude, e sim em vício.

Cortella – Gostaria que depois ainda voltássemos a Napoleão, mas não queria interromper esse raciocínio que você está desenvolvendo agora. Penso que vale a pena introduzir aqui o pensamento de **Aristóteles**, alguém ligado à biologia não só porque o pai era médico, mas porque ele mesmo se dedicou também a essa disciplina.

Ele procurou discernir ato e potência. Pois eu penso a virtude como potência, isto é, como possibilidade, como força intrínseca. Nessa perspectiva, a pessoa nasce com a possibilidade e precisa realizá-la. Emprego o verbo *realizar* com o sentido do latim e do inglês, isto é, a pessoa precisa tornar real a sua possibilidade e dar-se conta, ter consciência dela (a ideia do *to realize*). De nada adianta ter uma virtude que não se pratica, pois ela permanecerá apenas como potencial. O próprio Aristóteles dizia que a árvore está virtualmente na semente, assim como a planta está virtualmente no broto.

Mussak – E sua transformação é a dialética da vida.

Cortella – Exatamente, esse movimento entre uma e outra. Nessa perspectiva, ao dizer que algumas pessoas nascem com mais capacidade de realização, você está falando do ponto de vista da genética? A questão é fenotípica ou genotípica?

Mussak – É evidente que devemos falar do fenótipo. O genótipo sozinho não se realiza; é necessária a influência do meio ambiente para sua concretização. Entendo que a capacidade de liderar pessoas é um fenômeno fenotípico; porém, o fenótipo é resultado da necessidade, mas também do acaso. Mais uma vez voltamos a Aristóteles que dizia que tudo na vida é obra do acaso e da necessidade. O acaso estaria na genética, na maravilhosa e intrincada possibilidade.

Cortella – No desenrolar do misterioso...

Mussak – Sim, no desenrolar dos mistérios da fecundação, das recombinações genéticas que traçaram aquele caráter que, mais tarde, na interação com o meio ambiente, vai construir a personalidade de cada um.

Cortella – É curioso porque, no século XVI, em seu livro *O príncipe*, **Maquiavel** define o príncipe como *condottiere* (condutor) – conceito que mais tarde não só Hitler tentou encarnar, mas também **Mussolini**, que chamava a si mesmo de *Il Duce*, o condutor. Desse modo, procurou mostrar a figura do governante como a daquele que leva a sociedade em direção a seus objetivos.

Mussak – Imagem que corresponde ao que, hoje, os americanos chamariam de *coach,* atributo que alguns líderes procuram desenvolver e utilizar como ferramenta de liderança.

Cortella – Mas ali era mesmo o condutor (que seria o *coach*), aquele que levaria a sociedade ao sucesso. Para Maquiavel, o sucesso seria a unificação do Estado, a possibilidade de impedir o esfacelamento do que hoje é a nação italiana. Maquiavel descreve o príncipe como aquele que agrega dois conceitos essenciais: a *virtù* e a *fortuna*, isto é, aquele que une a capacidade com a ocasião, a possibilidade de fazer com a circunstância. É por isso que costumo afirmar que a liderança também é circunstancial, além de ser fenotípica na sua força de realização. Embora na origem, como você disse, a genética, com todas as suas casualidades, exerça sua influência, a capacidade de liderança dependerá também do contexto, do desenrolar de diversas circunstâncias.

Mussak – Então, se Gandhi não tivesse nascido na Índia, na época em que o país era dominado pelo Império Britânico, se não houvesse tido a oportunidade de estudar na Inglaterra e viver na África do Sul, ele não teria sido o Gandhi líder que passou para a história.

Cortella – Exato. Aliás, uma das impossibilidades da clonagem assustadora (em que se supõe a reprodução de um Hitler ou de um Stalin), reside precisamente no fato óbvio de que não é factível reproduzir a Alemanha de 1930.

Mussak – É, mas no livro *Os meninos do Brasil*, de Ira Levin, tenta-se reproduzir o ambiente.

Cortella – Então, a reprodução do ambiente talvez seja possível, com algumas restrições. De qualquer modo, penso que continua em vigor a máxima de **Heráclito**: "Nenhum homem toma banho duas vezes no mesmo rio".

Mussak – Sim, "Tudo flui...". Heráclito nunca foi tão atual como agora, pois vivemos em um mundo mutante e, em períodos de impermanência e incerteza, os líderes são ainda mais necessários.

Cortella – Aqui vale algo que eu gostaria de relatar. Não são raras as vezes em que alguém se dirige a mim – e provavelmente isso aconteça com você também, Mussak, pela sua capacidade de expressão – e diz: "Mas você é um orador nato". Como ambos somos professores e também conferencistas, temos a tarefa de falar... Muita gente, supondo que nossa capacidade de falar é inata, completa: "Queria nascer como você". Nessas situações, revelo que existe uma história por trás dessa capacidade (importante, aqui, para caracterizar a ideia). Como é que vim a falar bem? Sei que falo bem – e essa afirmação não é arrogância de minha parte, pois exerço essa profissão há 35 anos. Então isso é o mínimo que se poderia esperar depois de tanto tempo de prática.

Mussak – Se você não fizesse bem depois de tanto tempo...

Cortella – ... seria estranho. E com certeza estaria me dedicando a outra coisa.

Mussak – Detalhe: faria outra coisa e faria bem.

Cortella – Não sei. Esta é uma das dúvidas: eu faço bem o que faço, mas será que faria igualmente bem uma outra coisa? Ou será que isso é um impulso interior meu? Fosse um médico como você...

Mussak – Não creio que você faria bem todas as coisas, mas com certeza você encontraria algumas coisas que executaria com qualidade.

Cortella – Sem dúvida, se eu realizasse a capacidade. De onde desenvolvi minha capacidade de falar? Por exemplo, você cursou medicina em Curitiba, em seguida iniciou-se na atividade docente e depois ingressou no mundo da consultoria, das palestras como escritor etc. Eu entrei no mundo da docência, da atividade acadêmica, tal como você. Mas de onde vem essa capacidade? Por que eu não tenho medo de público? Você diria: "Você nasceu com essa condição".

Minha história começa em Londrina, no norte do Paraná, onde nasci, tal como você nasceu em Curitiba, no sul do estado. Esta é uma conversa entre dois paranaenses, portanto.

Fazendo um parêntese, é interessante porque, se observarmos as lideranças no cenário político brasileiro, descobrimos que nunca tivemos nenhum presidente da República paranaense, o que significa que chefes, você pode ter muitos; líderes, porém, nem sempre.

Voltando a minha história: mudei-me para São Paulo em dezembro de 1967, quando estava com 13 anos. Fui morar em Higienópolis, um bairro próximo a uma igreja da Ordem dos Carmelitas Descalços, Igreja de Santa Terezinha, na rua Maranhão. Vamos fixar este ponto: 1967, vou morar perto de uma igreja. Dou agora mais um passo: como minha família é de formação católica e eu sempre observei as práticas católicas, passei a frequentar, portanto, uma igreja perto de casa. Esse é o segundo ponto. Há ainda um terceiro que se agrega aos anteriores: diremos que é o acaso ou, como diz a física hoje, a simultaneidade.

Mussak – Ou a sincronicidade, falando junguianamente.

Cortella – É verdade. O Concílio Vaticano II, convocado pelo papa João XXIII e concluído pelo papa Paulo VI, estabeleceu em 1965 algumas normas que seriam decisivas. Em primeiro lugar, a partir de 1966 (e no Brasil isso aconteceu em 1967: observe o ano de novo), as missas não seriam mais rezadas em latim, mas no idioma nacional; em segundo lugar, o sacerdote não ficaria mais de costas para o povo, mas de frente; e, em terceiro, os leigos deveriam ter alguma participação no culto. Pare e congele o registro: chego a São Paulo aos 13 anos, sou católico e vou à igreja. Nesse momento, a Igreja católica, alterando um hábito secular, decide chamar os leigos para o altar. Eu, frequentador da igreja, era membro de um movimento que se chamava Cruzada Eucarística, que convidava o jovem a uma participação mais ativa. Assim, fui chamado para fazer leitura em uma das missas. Fiz. Olhando lá de cima, a igreja lotada. No outro domingo, chamaram-me novamente. No terceiro domingo, eu havia tomado gosto – gosto por falar, gosto por aprender. E fui tropeçando... A partir daí, aos domingos, passei a fazer a "direção" da missa das sete, das oito, das nove, das dez, das onze. Por que estou revelando esse fato? Não tivesse eu me mudado para São Paulo e passado a morar ao lado de uma igreja no exato momento em que o papado estava implantando alterações, o que teria acontecido com essa capacidade? Foi essa circunstância que criou em mim a possibilidade de falar em público e não temê-lo. Você acha que há alguma coisa genética nisso?

Mussak – Uma boa pergunta. Recentemente Saulo Ramos publicou um livro chamado *Código da vida*, em que descreve uma causa que ele defendeu e que constitui o fio condutor de todo o enredo. Só que ele entremeia no relato todos os acontecimentos nacionais, especialmente os políticos, que foram simultâneos a essa causa, que se estendeu por alguns anos. Durante todo o livro, mas principalmente no início e no final, uma questão é objeto de sua reflexão: por que tudo aquilo tinha que acontecer com ele? E a revelação: porque ele estava naquele lugar, naquele momento e, tendo sido envolvido naquela situação, teve que reagir a ela.

Assim, considero absolutamente real e irrefutável o que você explicava há pouco sobre a sincronicidade, o acaso e a necessidade. Cada vez mais me apego à ideia do acaso, penso que ele é um fator de grande influência, por vezes até determinante, dos acontecimentos em nossa vida. Quanto à relação para a qual Maquiavel já nos alertava, da existência da ocasião somando-se à potência, à capacidade, à tendência, à – se você quiser – genética, creio que concorrem as duas coisas. A vida conduziu você, Cortella, a tomar uma ou outra atitude em função daquelas necessidades e daquele momento. Por outro lado, isso poderia ter acontecido com alguma outra pessoa que não teria se transformado em um orador, que não teria seguido a carreira do magistério, que não teria, já no segundo domingo ou no terceiro, tomado gosto por falar em público. É possível que, para algumas pessoas, o segundo momento fosse mais apavorante que o primeiro e o terceiro fosse fatal. Portanto, há uma condição intrínseca sim. Além disso, não custa lembrar, você não é fanhoso, não é gago, não tem um problema específico que o impeça de se tornar um orador, então a genética contribuiu.

Cortella – Cícero era gago, Aristóteles também...

Mussak – Ainda assim, a genética certamente contribuiu para você se tornar um orador. Sem dúvida, algumas circunstâncias concorrem para nos tornarmos algumas coisas e não outras. Já que você contou a sua história, vou também contar a minha. Antes, porém, quero trazer um pouco da psicobiologia para este nosso bate-papo.

Em 1978, um psicólogo da Universidade de Harvard, chamado Howard **Gardner**, foi convocado por uma empresa com a seguinte questão: "Como desenvolver as pessoas que aqui trabalham?". Ele respondeu algo que, para a ocasião, foi surpreendente: só havia uma coisa a ser feita com essas pessoas: aumentar-lhes a inteligência. A surpresa foi grande porque na década de 1970 – e sei bem do assunto porque foi a época em que estudei medicina – não se imaginava que isso fosse possível. Acreditava-se que a inteligência era uma espécie de dom; assim, a pessoa nascia e morria com a mesma quantidade de inteligência. Já Gardner defendia que é possível desenvolver a inteligência, porque ela é uma espécie de força. Assim como desenvolvemos a força física com exercícios, podemos desenvolver a inteligência do mesmo jeito: expondo-a a um esforço. Essa foi a primeira grande contribuição de Howard Gardner, que recupera a lei lamarckiana do uso e desuso.

Cortella – Há mais de 30 anos!

Mussak – Isso ocorreu há mais de três décadas e a lei enunciada por **Lamarck** tem quase 300 anos e está aí até hoje. Lamarck lançou duas leis: a da herança dos caracteres adquiridos, que depois é derrubada por **Darwin**, e a do uso e desuso, que não se pode contrariar. Mas a segunda grande contribuição de Gardner foi ter nos explicado que não somos dotados de uma inteligência só. Há controvérsias a respeito disso, mas, pessoalmente, tenho muita simpatia pela visão dele, que apontou, na época, sete inteligências; hoje falamos de nove e alguns propõem dez. E isso, sim, seria uma espécie de tendência genética. Todos nós nascemos, por exemplo, com uma inteligência lógico-matemática, mas alguns são mais privilegiados nesse tipo de inteligência do que outros. O normal é que aquele que nasceu com uma inteligência lógico-matemática privilegiada se dedique a uma carreira que exija esse tipo de pensamento – como, por exemplo, engenharia, economia ou estatística. E, ao estudar disciplinas afins, a pessoa estará, pela lei do uso e desuso, estimulando o desenvolvimento dessa inteligência. Em outras palavras, seu raciocínio lógico-matemático se tornará ainda mais ágil. Isso responde à questão: "Será que o engenheiro tem inteligência lógico-matemática porque é engenheiro, ou é engenheiro porque tem inteligência lógico-matemática?". E a resposta é: "As duas possibilidades são verdadeiras".

Cortella – Haja vista que uma pessoa portadora de autismo tem, por natureza, um desenvolvimento lógico-matemático inacreditável, mesmo que não frequente espaços ou estruturas que potencializem sua capacidade. Falemos também das limitações. Portadores de dislexia – hoje se discute se dislexia é ou não uma doença – acabam desenvolvendo outras habilidades, pois o cérebro humano, e dentro dele a capacidade operativa da inteligência, tem múltiplas faces, muitos modos de agir. Ele não é uma coisa unívoca, um bloco monolítico, muito pelo contrário. Por isso também tenho simpatia pela ideia da multiplicidade de modos de pensar. Então lhe pergunto: de qual inteligência você lançou mão no início de sua trajetória?

Mussak – Bem, na nossa atuação como professores, como comunicadores, palestrantes, conferencistas – conforme se queira, pois exercemos todas essas funções –, duas inteligências são fundamentais: a linguística e a interpessoal.

A inteligência linguística se evidencia na capacidade de usar bem as palavras, que não é uma característica comum a todas as pessoas. Eu, por exemplo, não tenho uma elevada inteligência musical; gostaria de tê-la, sou um grande apreciador de música, mas, com relação a essa arte, sou uma espécie de eunuco: posso apreciá-la sem jamais possuí-la de verdade, porque não tenho condição de produzi-la. Estudei piano e violão, mas fui um péssimo aluno e não me desenvolvi, o que me levou a perceber que meu esforço era desproporcional aos resultados obtidos; acabei desistindo e me contentei em ser apenas um apreciador. Portanto, admito que não tenho essa inteligência e reconheço que tenho inteligência linguística: eu me relaciono bem com a palavra, tanto oral quanto escrita. Às vezes penso que minha facilidade é ainda maior para a escrita do que para a palavra oral. Entretanto, ter uma boa relação com as palavras não é suficiente para que alguém seja um bom professor, um bom orador. Temos alguns exemplos disso na literatura nacional. O jornalista e escritor Luis Fernando **Verissimo**, por exemplo, é espetacular com as palavras escritas, mas se considera um péssimo comunicador oral.

Cortella – É também um grande músico.

Mussak – Sim, sem dúvida. Toca saxofone bem, escreve maravilhosamente, é *gourmet*, crítico de cinema. Faz muitas coisas com competência, desde que não lhe peçam para falar.

E temos, então, a outra vertente da inteligência, a inteligência interpessoal – a capacidade ou a tendência de desenvolver uma boa comunicação entre as pessoas – que é prima irmã da também necessária inteligência intrapessoal.

Mas agora vou contar a minha breve história. Entrei para o mundo da educação por necessidade, não por vocação. Percebi a existência da vocação só depois que tive de me expor pela necessidade, visto que precisava trabalhar, precisava ganhar dinheiro para pagar meus estudos. A faculdade era pública, a Universidade Federal do Paraná (UFPR), mas o curso de medicina exige que o aluno adquira muitos livros, compre instrumentos, ademais de, evidentemente, se manter durante os estudos. Além disso, não permite que o aluno assuma um emprego "regular", porque os horários das aulas são desconexos: há dias em que as aulas são pela manhã, em outros são à tarde ou à noite. Então, como não era possível ter um emprego do tipo tradicional, com horário fixo para entrar e para sair, minha alternativa foi dar aulas – inicialmente particulares, depois, em um pequeno curso de preparação para o que, na época, se chamava madureza.

Cortella – O que, mais tarde, recebeu a designação de supletivo.

Mussak – Exato. Quando soube que estavam precisando de professores, fui lá me oferecer. E me tornei professor por absoluta necessidade, contrariando totalmente minha imensa timidez. Eu era absurdamente tímido e digo mais, Cortella, ainda o sou.

Cortella – Não notei. Você é um bom ator, então.

Mussak – Possivelmente, porque isso é algo que se aprende, é competência que se desenvolve. E creio que a timidez foi minha grande vantagem, porque o tímido precisa se superar. Para ser compreendido ou aceito pelo outro, ele precisa desenvolver a sua didática. A pessoa eloquente não tem essa necessidade; ela acredita que sua eloquência é suficiente. O tímido, ao saber que não possui a eloquência, precisa desenvolver a didática. E foi o que aconteceu comigo. Acho que hoje a minha grande competência não é sequer a comunicação, e sim a didática. Aliás, esse atributo é muito útil para os líderes.

Cortella – Em nosso país, vez ou outra, se diz que tal pessoa lidera ou é um bom líder em razão da grande capacidade de comunicação que tem. Acredito que a pessoa não pode ser considerada líder apenas porque se comunica. Ademais, para comunicar-se bem, para exercer uma liderança que seja eficaz, um pré-requisito é que ela seja dotada das inteligências interpessoal e intrapessoal. Isto é, o líder é aquele que se esforça, se organiza, se estrutura para comunicar-se bem. É por isso que, em certas ocasiões, admirados diante de um bom comunicador, nós nos confundimos e dizemos: "Veja como ele fala bem! É por isso que convence as pessoas". Daí nasce a confusão entre retórica e demagogia, entre a arte de falar bem e a arte de convencer. Penso que o líder é aquele que convence por uma retórica que é simples de ser percebida, capturada, sem ser simplória. É incrível como podemos facilmente identificar a liderança em grandes mulheres e homens nessa atividade.

Consideremos uma liderança espiritual como a que exerce o Dalai **Lama**. Mesmo que o ouvinte não domine o idioma que ele utiliza para se comunicar (no Ocidente, o inglês), mesmo que não seja fluente naquela língua, aquilo que conhece lhe permite perceber que o Dalai Lama fala com simplicidade – não com simploriedade – e também com credibilidade.

Quando vemos homens e mulheres que são capazes de impulsionar, de movimentar processos, pessoas, ideias (que, para mim, é exatamente o que faz o líder), distinguimos nelas uma capacidade de convencimento que não é a sofística, não é o engano, mas que nasce da credibilidade. Por isso, um dos elementos que entendo como básicos para a capacidade de liderar – seja para liderar uma aula ou uma escola, seja para liderar um processo ou uma organização – é a comunicação simples.

A comunicação simples é aquela que não se furta a utilizar vocábulos que não sejam correntes, usuais, desde que eles possam, no decorrer da conversa, ser explicados. Porque o líder quer elevar também a condição de seus interlocutores. Quantas vezes você ou eu somos alertados, quando vamos fazer palestra numa indústria, numa empresa ou numa fábrica, para o nível intelectual da plateia: "Olhe, o pessoal aqui é operário...", pretendendo abrir nossos olhos: "Você vai dar uma palestra, não se esqueça de escolher bem as palavras" – o que é um equívoco. Porque, se você e eu entendemos a necessidade de liderar, temos de elevar a condição daqueles que lá estão. E por isso não nos furtarmos, na comunicação, a utilizar vocábulos que possam ser trabalhados, empregando expressões explicativas como "isto é", "ou seja". Isso faz com que o universo vocabular das pessoas se amplie.

Volto aos exemplos de Napoleão e Hitler, que mencionei anteriormente. Hitler tinha uma grande capacidade de comunicação, mas, no meu entender, essa comunicação, porque marcada por falsidades, era muito mais uma condição demagógica do que uma verdadeira habilidade retórica.

Mussak – Você aponta com muita propriedade a importância da comunicação para o exercício da liderança, Cortella. Venho trabalhando o tema há tempos (há dez anos me dedico à educação corporativa), e rapidamente percebi a importância do desenvolvimento de líderes nas organizações, por uma demanda natural delas. Eu me interessava muito por gestão de pessoas e, no meu entender, gestão de pessoas é liderança, além de ser diferente de qualquer outro tipo de gestão dentro da organização. Se consultarmos um livro qualquer de administração, verificamos que *administração* significa "planejamento, organização, controle". Essa concepção é válida quando nos referimos a gestão financeira, de materiais, de processos, de ativos. Mas essa definição não se aplica à gestão de pessoas por um motivo simples: as pessoas não são controláveis. Não posso controlar uma pessoa. Posso, no máximo, controlar seu corpo, mas não sua alma. Quando **Taylor** e **Ford** quiseram aumentar a eficiência das organizações – e Taylor era particularmente adepto do uso do cronômetro para definir o tempo de execução de cada tarefa –, eles praticamente lançaram a ideia do relógio de ponto. Com esse recurso, pode-se constatar que a pessoa está ali fisicamente, executando sua tarefa, mas não é possível saber se trouxe junto sua alma, seu coração, suas ideias e seus sonhos, porque as pessoas não são controláveis. Mas são lideráveis. Portanto, para mim, gestão de pessoas é liderança. E aí encontramos alguns atributos de grande relevância.

Creio que devemos então buscar definir que tipo de comunicação se faz necessária para que a liderança aconteça. Não conheço bons líderes que não sejam também bons comunicadores. Entretanto, há muitos bons líderes (seja nas empresas, seja no universo educacional, e até nas famílias) que não são grandes oradores, mas eles se comunicam com a verdade. Deixam claro o que estão pensando, quais são suas ideias, seus sonhos, enfim, sua visão de futuro. Assim, nesse caso, podemos dizer que a boa comunicação exige transparência, deixar claro o que está em sua mente. Se não sabemos o que de fato pensa determinada pessoa, dificilmente vamos nos deixar liderar por ela, pois ela não gera confiança. E confiança é absolutamente fundamental (gostaria de aprofundar o tema confiança mais adiante, pois o considero de grande importância para o bom exercício da liderança). Entretanto, só para concluir esse aspecto da comunicação e lhe devolver a palavra, quero lembrar aqui um livro intitulado *Falar para liderar*, de Heródoto Barbeiro. Nessa obra, ele desmistifica a ideia corrente de que o carisma é fundamental para a liderança, e também de que é algo que não pode ser desenvolvido: você nasceria carismático ou não – e ponto. Heródoto mudou um pouco minha visão sobre o tema ao expor que o carisma se constrói na comunicação, por meio de sua força, desde que essa comunicação esteja a serviço da verdade. Porque, se não estiver, o líder perde sua principal qualidade. A comunicação é uma qualidade importante, mas não a principal. A principal qualidade é a legitimidade, ou seja, a ausência de distância entre o discurso e a prática.

Cortella – É aquele aspecto ao qual você se referiu pouco antes: a ideia da confiança, de fé recíproca, presente na relação entre líder e liderado, com toda a dialética que ela carrega. Em outras palavras, a noção de crença recíproca e, portanto, de entrega; a ideia de que o liderado se fia nas ideias do líder, ou seja, é fiador daquilo que ele defende; garante que aquilo é verdade porque experimenta isso em suas atitudes, em sua condição e em sua capacidade. Acho também, como você, que a comunicação é uma habilidade, uma ferramenta, mas que vale o que transporta. Se transporta legitimidade, credibilidade e sinceridade, aí sim serve de ferramenta para elevar a condição do líder.

Vamos lembrar um pouco da etimologia das palavras para ampliar a discussão. Vamos às origens da ideia de comunicação de forma simples. Você sabe que curiosamente o radical indo-europeu que dá origem à palavra "simples" é *plec*. No indo-europeu, *plec* ou *plek* significa "dobra" (como se nota em alguns termos médicos como plexo ou plexiforme). Portanto, como o radical latino *sin* ou *sim* é "único", *sin-plex* significa "com uma única dobra". O que é diferente de *complexo*, que tem várias dobras. Por isso *complicar* é "dobrar várias vezes", portanto "tornar mais misterioso"; *simplificar* é "deixar com uma única dobra". É claro que você pode duplicar (*duplex*), triplicar (*triplex*), e assim por diante. Algumas pessoas provavelmente se lembram de um tipo de saia que era *plissada*, ou seja, com várias dobras na vertical. E por isso a ideia de *plec* é importante, porque acho que o líder não é aquele que transforma as coisas complexas em simples, não é aquele que simplifica, mas é aquele que *ex-plica*. Nossa tarefa como docentes, por exemplo, é retirar as dobras, passar, alisar, isto é, deixar sem ruga. E aqui apresento outra conexão (coisa de filósofo, a gente vai fazendo associações livres): a palavra *erudito* significa "aquele que não tem rudeza", que não tem nenhuma ruga por cima. Aí a ideia de ruga desemboca nesta noção: a pessoa erudita não é aquela que simplesmente sabe muitas coisas, mas é aquela que, não tendo rugosidades, procura explicar, tirar as dobras.

Acho que o líder é alguém que explica. Complicar, replicar ou simplificar não são funções da liderança. O líder é aquele que *ex-plica*. Em outras palavras, ele desnuda, torna claro, faz com que seja possível visualizar, conceber o que ele deseja revelar. Eu diria que a comunicação do bom líder é quase ideogramática, dado que o ideograma não é lido, mas visto. Diferentemente da simbologia ocidental – que, para ser lida, precisa passar por três decodificações: identificação das letras, dos fonemas e das palavras, além de um quarto passo, que é capturar o sentido –, a comunicação por meio de ideogramas supõe uma visualização, não uma leitura. Penso que o líder é aquele que consegue se comunicar de modo ideogramático (como se diz, uma imagem vale mais do que mil palavras).

Mussak – Eu me permitiria pegar uma carona nessa sua visão filosófica e, ao mesmo tempo, voltando à etimologia, lembrar a palavra *amplexo*, que significa "abraço". Talvez esta seja outra das características do líder: o momento em que ele abraça o liderado, em que ele se dobra sobre o seu liderado, enquanto este último se dobra sobre ele também, aproximando seu *plexo* solar.

Cortella – É genial essa ideia! O líder é aquele que abraça, que abarca, que acolhe.

Mussak – O líder é aquele que faz com que as pessoas se sintam abraçadas por ele. Assim, todos juntos abraçam uma causa e dobram-se sobre ela. O líder só consegue fazer isso se tiver legitimidade. Entendo que o líder é o indivíduo que, acima de tudo, provoca mudanças. É provável que, na história da humanidade, os primeiros líderes tenham sido aqueles que apresentaram soluções para os problemas de sobrevivência. É possível que tenha sido o *Homo habilis*, há dois milhões de anos, talvez na região correspondente hoje à Etiópia, que começou a criar instrumentos, e nunca mais paramos. O antropólogo Luiz **Marins** compara o profissional moderno ao *Homo habilis*, em função da importância de estarmos criando novos instrumentos constantemente, sob pena de ficarmos ultrapassados e perdermos capacidade competitiva. Ao assistir ao filme *2001 – Uma odisseia no espaço*, de Stanley Kubrick,[1] o espectador fica com a sensação de que a arma foi a primeira invenção dos seres humanos. Mas os antropólogos dizem que talvez não, que provavelmente a primeira invenção do ser humano tenha sido a vasilha para tomar água – e a primeira vasilha para tomar água foram as mãos em forma de concha (aliás, essa cena também aparece no filme). Porque, até então, o homem agia como os animais para saciar a sede: levava a boca ao leito do rio. E, nesse movimento, tinha que ficar vigilante porque, com a boca, levava também os olhos até a água, tornando-se vulnerável. Ao inventar o gesto com as mãos em concha, ele passou a levar a água até a boca, o que lhe permitia permanecer vigilante mais facilmente. Essa foi uma vantagem competitiva, realizada pela primeira vez por um deles. Supõe-

1. Filme lançado em 1968, com roteiro de Stanley Kubrick e Arthur C. Clarke, este último autor do *best-seller* de mesmo título.

se que rapidamente essa atitude foi imitada pelos demais. Esse homem que apresentou uma solução de sobrevivência, uma vantagem competitiva, influenciou o comportamento dos demais: teve uma atitude de liderança.

Cortella – Liderança como evolução positiva, ou seja, como capacidade de mudar para melhor o comportamento.

Mussak – Sobre as mudanças comportamentais, é sabido que todos nós temos, num primeiro momento, certa resistência à mudança. Eu poderia até explicar isso do ponto de vista biológico. *Grosso modo*, temos três camadas cerebrais. A primeira, responsável pelos instintos de sobrevivência, chama-se sistema reptiliano. A segunda é o sistema límbico, responsável pelos sentimentos e pelas emoções, e a terceira é o córtex cerebral, onde ocorrem os pensamentos, a lógica, a razão.

O mais antigo é o sistema reptiliano, que teria surgido no período Carbonífero, quando os répteis começaram a se estabelecer como classe. Uma das funções dessa parte do sistema nervoso é a de economizar energia, porque, quando o animal gasta energia, ele precisará repô-la depois, o que significa que terá de sair para caçar – tarefa árdua e arriscada. Do mesmo modo, toda e qualquer mudança, toda e qualquer situação nova requer um gasto energético. Por isso, nossa primeira tendência é não aceitarmos a mudança porque ela vai exigir que gastemos energia. Reagimos, então, contra as mudanças, não importa que seja para melhor (o que tampouco é sempre claro a princípio). Por exemplo, se uma pessoa vai se mudar de casa para outra duas vezes maior, embora exista uma vantagem evidente, ela reage contra a mudança. Somos assim: resistimos ao novo por determinismo biológico.

Cortella – Atuamos como alguns dos computadores de hoje, nos quais há a função "modo de segurança", isto é, proteção ao estado atual e gasto mínimo de energia. Muitas vezes, quando adotado por pessoas, o "modo de segurança" se aproxima da passividade ou até do imobilismo.

Mussak – Pois é nesse cenário que o líder exerce seu papel. Ele é o que conduz os demais nos tempos de mudança, ou é o responsável pelas mudanças acontecerem. E o líder provoca as mudanças porque associa pelo menos três qualidades: coragem, persistência e relevância.

A primeira é a *coragem* de propor uma mudança, pois ele sabe que ao sugerir um movimento do conhecido para o desconhecido, vai enfrentar reações contrárias, por vezes até violentas. Temos isso registrado em vários momentos da história da humanidade, mesmo quando se trata de mudanças de ideia. Por exemplo, quando **Copérnico** afirmou que era o Sol que girava em torno da Terra, quando Darwin concluiu que descendemos do mesmo ancestral do macaco ou quando **Freud** defendeu que não mandamos em nós mesmos, quem manda em nós é o inconsciente. Provocaram reações violentas contra eles, algumas até físicas, como no caso do Copérnico, porque nós reagimos contra a mudança. Então é necessário coragem.

A segunda qualidade para o líder conseguir realizar uma mudança é a *persistência*, porque uma mudança não se obtém de um dia para o outro. Salvo raríssimas exceções, a mudança, principalmente de um grupo, vai se instalando lentamente. Então é necessário, além de coragem, persistência.

E a terceira qualidade é a que eu chamo de *relevância*. Entendo aqui por relevância a ideia de que a mudança proposta é boa, útil, bela, ética, verdadeira. Se uma dessas qualidades falhar, a mudança não acontecerá e o líder verá frustrada a sua liderança. Assim, nesse contexto, podemos voltar a falar, por exemplo, de Hitler, que tinha coragem e persistência, mas sua proposta não era relevante.

Cortella – Definitivamente não era.

Cortella – Queria trabalhar um pouco a noção de coragem. É interessante, porque coragem não é ausência de medo, mas a capacidade de enfrentar o medo. Como você sabe, a natureza nos propiciou dois mecanismos de defesa: dor e medo. Se um indivíduo perder em seu sistema reptiliano, em sua estrutura, esses dois instintos, ou essas duas forças de reação, ficará vulnerável. Precisamos ser capazes de sentir dor, não só dor física, embora esta sirva especialmente como sinal de alerta.

Mussak – Sabe, Cortella, aprendi na prática o valor da dor como sinal de alerta, não por tê-la sentido em meu corpo, mas por ter assistido a uma cena que me marcou indelevelmente. Durante o curso de medicina, fiz estágio, ainda como estudante, no pronto-socorro de Curitiba, o famoso Pronto-Socorro do Cajuru. Hoje ele é um ótimo hospital-escola e pertence à PUC do Paraná, mas na época tinha muitas deficiências, eram tempos difíceis aqueles da década de 1970. Em algumas ocasiões, assumíamos atitudes heroicas, porque tínhamos que resolver, com um mínimo de estrutura, casos às vezes muito complexos, que colocavam em risco a vida da pessoa. Mas o episódio que me marcou profundamente foi a chegada de um garoto que era portador de agenesia das terminações nervosas livres. Em outras palavras, como os nervos sensoriais da pessoa que tem esse quadro clínico não chegam até a pele, ela não sente dor. Esse menino foi ao hospital não por causa disso, mas em decorrência disso, porque ele se sentou em cima da chapa de um fogão a lenha (muito comum na região Sul) e não percebeu que estava se queimando. Quando a mãe e os familiares perceberam, a musculatura dele já tinha sido atingida. Foi então que me dei conta da importância da dor.

A dor é realmente um grande alerta, pois faz com que o indivíduo "saia de cima da chapa do fogão". Isso é válido não apenas em relação à dor física, mas também à dor psicológica. Temos dores psicológicas e reagimos a elas. Existe, entretanto, uma pequena diferença: no caso da dor psicológica, às vezes a pessoa não percebe que pode sair daquela situação. Outras vezes, não o deseja, porque, ao sofrer emocionalmente, ela se coloca como vítima e, aproveitando-se dessa posição, consegue ganhar o cuidado, a atenção, o afeto das outras pessoas.

Cortella – Deve ter sido uma experiência e tanto! Não é fato que se possa esquecer facilmente.

Voltando aos mecanismos de defesa, o outro recurso de que dispomos é o medo. Diferentemente do pânico, que é a incapacidade de ação, o medo é um estado de atenção. É só observarmos um gato diante de uma situação de perigo: ele contrai os músculos e fica todo arrepiado. O medo provoca uma descarga maior de adrenalina; assim, o gato fica arrepiado, cresce para parecer maior, mas não sustenta essa condição por muito tempo, para não ficar estressado. Ele não pode ficar o tempo todo retesado, mas é em razão do medo que se dispõe à luta, que usa sua capacidade de enfrentamento.

Por isso, insisto: coragem não é ausência de medo, mas a capacidade de enfrentar o medo. E creio que isso é uma capacidade que o líder realmente precisa ter. Há quem brinque dizendo que a palavra *coragem* significa colocar o coração em ação, dado que no latim a ideia de *coragem* é exatamente a ação do coração, isto é, ser capaz de mover-se. É claro que aí ocorre mera coincidência de palavras, ela não tem essa origem. Mas vale o trocadilho.

Não entendo o medo como algo secundário. Por exemplo, aquele que juntou as mãos e trouxe a água até a boca foi movido pelo medo. De quê? De perecer. Aquele que saiu da caverna quando era mais confortável ficar onde estava; aquele que foi capaz de caminhar quilômetros por locais desconhecidos em busca de sua sobrevivência – cada um deles fez o que fez porque tinha medo de perecer. É para evitar perecer que enfrentamos o medo. E aqui retomamos o tema da mudança. Guimarães Rosa já dizia: "Sapo não pula por boniteza, mas por precisão". Essa precisão é exatamente a capacidade de enfrentar. Gosto muito de sua ideia de que o líder deve ter coragem, persistência e também o que você chamou de relevância.

Mussak – Em *Moby Dick*, de Herman **Melville**, há uma passagem muito interessante, quando o capitão Ahab está selecionando sua tripulação e todos querem se juntar a ele para caçar o terrível monstro dos mares. Ele pergunta aos candidatos: "Quem aqui tem medo de baleias?". Alguns levantam a mão. E ele prossegue: "Os outros podem ir embora, pois não quero em meu barco alguém que não tenha medo de baleia". O medo protege, certo?

Concordo plenamente com você quando afirma que coragem não é ausência de medo e sim a capacidade de enfrentá-lo. Porém, essa capacidade se desenvolve, mas não com o coração: desenvolve-se com a inteligência. Já que falei de *Moby Dick*, uma aventura nos mares, lembro que, se alguém perguntar para Amyr **Klink** se ele tem medo do mar, ele certamente responderá que sim.

Cortella – Claro, porque é um homem inteligente.

Mussak – Ele atua como um administrador, um estrategista. É por essa razão que se prepara meticulosamente durante longo tempo para cada uma de suas aventuras: para correr o menor número de riscos possível. Em contrapartida, há pessoas que atuam de modo inconsequente, imprudente, as quais acabam colocando em risco a própria vida e, por vezes, a de terceiros também.

Cortella – Há uma diferença entre audácia e aventura. Amyr Klink é um homem audacioso. Audácia é a capacidade de, apesar do temor, preparar-se para enfrentar as adversidades. Aventura é o "vamos que vamos", é o "primeiro a gente enlouquece, depois vê como fica". Várias pessoas que escalam montanhas, abrem empresas, dirigem escolas ou arquitetam projetos grandiosos são audaciosas. Mas elas não decidem atuar apenas porque acham que devem fazê-lo, ou porque estão iluminadas. Alguns dos que perecem na ação chegam às raias da irracionalidade. Como você lembrou há pouco, não se resolvem tais questões com o coração. O pequeno Bush disse um dia que ia dar fim à guerra no Iraque porque Deus falara com ele.

Mussak – Com esse raciocínio, ele se coloca exatamente no mesmo patamar de Osama Bin Laden.

Cortella – Você expôs bem a ideia da coragem. Agora seria interessante explorarmos a segunda habilidade que você apontou, a persistência, ou seja, a capacidade de ter firmeza de propósito e, ao mesmo tempo, de levar os outros a não esmorecer. Penso que vale citar, neste momento, Moisés, um dos grandes líderes da história, aquele que não era chefe no Egito, mas apenas um líder que teve de enfrentar o faraó. O faraó Ramsés fez de tudo para impedir que Moisés deixasse o

Egito. No entanto, Moisés conclamou o povo a segui-lo em direção à Terra Prometida, onde haveria leite e mel. Ele saiu com o povo e atravessou o mar Vermelho. Eles permaneceram durante 40 anos vagando pelo deserto. O povo queria desistir, queria voltar ao Egito, e aos antigos deuses, e acabaram construindo o bezerro de ouro. Moisés lhes dizia: "Gente, vamos lá. Vamos seguir, vamos continuar até chegar a essa terra". E, quando estavam próximos da Terra Prometida, Moisés ainda recebe uma mensagem de Deus que lhe é muito difícil, registrada no Livro do Deuteronômio: "Contemplarás a terra à tua frente, mas não poderás entrar nela".[2] Ou seja, ele chegou à terceira parte da missão relevante à obra: enfrentou o faraó; conduziu o povo, fazendo-o resistir, não deixando que ele esmorecesse; finalmente, chegou às portas da Terra Prometida – mas não viu o final da obra, não pôs os pés em Canaã. Penso mesmo que o líder tem consciência da sua própria mortalidade, haja vista Moisés que, embora tivesse consciência de que não iria pisar na Terra Prometida, não desistiu de ir até lá.

Curioso, li há pouco tempo um belíssimo texto do escritor e jornalista uruguaio Eduardo Galeano sobre utopia. Era algo assim: "A utopia está lá no horizonte. Me aproximo dois passos, ela se afasta dois passos. Caminho dez passos e o

2. Capítulo 32, versículo 52; cf. também capítulo 32, versículos 48-52.

horizonte corre dez passos. Por mais que eu caminhe, jamais alcançarei. Para que serve a utopia? Serve para isso: para que eu não deixe de caminhar".

Mussak – É a estrela-guia.

Cortella – Exatamente. A própria estrela. A utopia. No século XVI, o mesmo século de Maquiavel, Thomas **Morus**...

Mussak – Século prolífico!

Cortella – Prolífico de ideias, de aventuras, de nascimento, de líderes que eram necessários, grandes líderes da navegação, da arquitetura, da engenharia, grandes líderes do pensamento. Thomas Morus era um homem que conhecia grego. Se ele quisesse traduzir a palavra *utopia* por "lugar nenhum", como vez ou outra se faz, ele evidentemente não escreveria *A utopia*, mas *A atopia*, como, por exemplo, se usa, em medicina: um problema atópico. Em grego, o prefixo "a" é negação para lugar; mas o prefixo "u" é eventualmente negação para tempo. Por isso *A utopia* não é "lugar nenhum", mas sim "ainda não".

Mussak – Não significa um lugar que não existe, mas um lugar que não existe *ainda*.

Cortella – Não por acaso a personagem principal de *A utopia*, de Morus, é um português chamado Rafael. Dado que há pouco estávamos falando de estudos bíblicos, Rafael, um dos três arcanjos da tradição, é aquele que dá a luz a Tobias. Quando Tobias fica cego, quem o cura e o faz ver novamente é exatamente ele, aquele que ilumina o caminho. Acho muito reveladora a ideia do líder como alguém que ilumina. Não a iluminação como arrogância, mas como coragem, persistência e relevância. O que nos faz pensar que, se ele deve iluminar, precisa abastecer-se. Eis aí uma grande questão.

Mussak – Sim, essa é a grande questão, porque o líder deve ter uma energia própria, deve estar abastecido de um combustível capaz de gerar luz para iluminar e força para mover. Iluminar espíritos e mover corpos. O mundo está cheio de Tobias à espera de um Rafael.

Cortella – Então, qual é o combustível do líder? O que faz a sua chama brilhar?

Mussak – A rigor, eu poderia responder falando um pouco sobre as motivações humanas. Talvez seja uma maneira de chegarmos ao combustível, porque, afinal, combustível, por definição, é aquilo que pode ser transformado em energia, e energia em trabalho, em movimento, em ação.

Qual é o combustível do líder e qual é o dos liderados? É a grande motivação, a libido de que Freud falava, sempre considerando a pulsão, tendo em vista o caráter sexual, necessário à perpetuação da espécie. Já **Jung** defende um ponto de vista diverso: discorre sobre a libido como força interior, um combustível, uma energia vital que não necessariamente está ligada à perpetuação da espécie. Está ligada também à reprodução das ideias, do trabalho, das ações. E, por incrível que pareça, quem, de certo modo, resolve essa cizânia entre Freud e Jung é outro psicanalista, este brasileiro, Roberto Freire, ao escrever o livro *Sem tesão não há solução*, na década de 1970.

Cortella – Isso mesmo. Sem tesão não há solução nem revolução.

Mussak – Exatamente. E sem revolução a pessoa não faz transformação nem provoca evolução. É necessário ter tesão, irmão.

Cortella – Acho que o erótico é o combustível da liderança – apesar de essa palavra, vez ou outra, ter um sentido pornográfico –, aí se encontra *Eros* como força vital. Já Tânatos, para voltar ao velho Freud é...

Mussak – É a pulsão de morte...

Cortella – Sim, trata-se da representação dos movimentos de morte, não de vida. Quando você deu o exemplo da pessoa que se acomoda e deseja ser o tempo todo dependente para poder ser ajudada... o que ela faz são movimentos de morte, de alguém que não tem vitalidade. Não é a depressão como doença, mas como escolha; não é a depressão como patologia, mas como mecanismo de convivência social. Podemos claramente observar isso no trabalho, na família, na escola: trata-se daquela pessoa que se coloca na posição de vítima sacrificial, aquela que o tempo todo se entende como sendo credora universal: tudo deveria estar organizado para ajudá-la, mas ela mesma não precisa se movimentar. Ela prefere, resguardada a diferença, "ficar sentada sobre a chapa do fogão" até que alguém a tire. Mesmo que a dor seja forte. Essa pessoa, Mussak, não tem saudade do passado, ela tem nostalgia.

É curioso porque *nostalgia* é uma palavra criada por um médico suíço, Johannes Hofer, em 1688, e serve também para caracterizar um fenômeno, que você deve ter estudado, relacionado ao fato de alguém sofrer amputação de um membro. Antes que a penicilina aparecesse, em 1928, era preciso recorrer à amputação do membro (para evitar uma septicemia ou algo do gênero) ou à cauterização. Amputação e cauterização eram os recursos de que a medicina dispunha à época. A cauterização se dava com ferro quente, entre outras coisas. Pois bem, muitos médicos observaram durante as guerras até o século XIX que pessoas que sofriam amputação da perna ou do braço, por exemplo, reclamavam de dor no membro mesmo depois de o terem perdido, ou o queriam de volta. Foi com base nessas experiências que Hofer uniu dois termos gregos: *nostos* (que significa "volta") e *algos* (que significa "dor") para criar a expressão *nostalgia*, com o sentido de "dor naquilo que já foi", "dor do que se queria que estivesse lá".

Creio que a dificuldade da mudança surge quando a pessoa tem nostalgia, e não saudade. Saudade é um sentimento gostoso de algo que já foi, de algo que a pessoa viveu e guardou boa lembrança; Por meio da saudade o acontecimento volta a ser presente. Já a nostalgia dói e, portanto, faz sofrer. Quando a pessoa tem saudade, ela não quer ir para o lugar ao qual já foi, mas quer trazer para o presente momento aquele sentimento que a marcou: a saudade da infância, a saudade do cheiro do lençol, de um colega de trabalho, do cursinho, a saudade de um livro, de cheiros de livros. Até hoje tenho saudade da minha coleção de livros do Monteiro **Lobato** que li quando tinha sete anos, em Londrina. O cheiro das capas daqueles livros da Editora Nacional era uma coisa que ficava...

Mussak – ... impregnada em você.

Cortella – Sim, nas minhas narinas "tão fatigadas"...

Mussak – Então, será que o líder não é alguém capaz de ajudar as pessoas a terem saudade do seu futuro? E a construírem um futuro?

Cortella – Não tenho dúvida.

Mussak – Você me fez lembrar o médico e psiquiatra austríaco Viktor **Frankl**. Em todos os anos que passou em Auschwitz, ele sobreviveu física e mentalmente porque criou para si e para aqueles que o rodeavam uma segunda realidade. Como fez isso? Ele usou uma faculdade que é exclusivamente humana, a noção do tempo, para deslocar a segunda realidade boa, pacífica – a ideia da guerra já terminada, com a Europa sendo reconstruída e tornando-se melhor do que era antes – para o presente. Com o auxílio desse recurso, ele colocava nessa segunda realidade toda a sua emoção, toda a sua afetividade, e deixava na dura realidade do momento apenas a sua razão, a sua lógica – por isso ele sofria menos.

Cortella – Fez ponte para o futuro.

Mussak – Sim, e como líder que era, ajudava as pessoas a atravessarem essa ponte. Quando alguém sofria muito, estava muito mal, com depressão – e o que matava nos campos de concentração era principalmente a depressão, porque é um mal que enfraquece a imunidade e expõe o organismo a doenças fatais –, ele se dirigia a seu companheiro de infortúnio e dizia algo como: "Meu caro, seu problema é que você não tem sonhos, não tem objetivos na vida". E o outro reagia: "Puxa, como você quer que eu tenha objetivos na vida se estou num campo de concentração e não sei nem mesmo se estarei vivo amanhã!?". E Frankl insistia: "Pois é, é justamente a existência dos sonhos que garantirá que você esteja vivo amanhã".

Cortella – Eu gosto demais dessa ideia de Frankl, acho maravilhosa. É a própria encarnação da ideia do conceito. Isso que você aponta bem é a capacidade, inclusive, de indicar o horizonte. Acho que outra qualidade, outra competência do líder é ser capaz de projetar e partilhar sonhos. Há uma distinção entre sonho e delírio.

Mussak – Talvez você esteja agora sinalizando o grande combustível. Acho que não é o único e gostaria ainda de decodificar um pouco as motivações humanas, recorrendo à psicologia e à psicossociologia.

O ser humano é fortemente impulsionado por duas ambições originais: não sofrer e obter prazer. Quase tudo o que fazemos tem essas duas finalidades, que podem ser chamadas de motivações essenciais. Quando almoçamos ou jantamos, por exemplo, fazemos isso porque é uma necessidade, ou seja, se não fizermos iremos sofrer a fome. Então, comemos por necessidade, mas não é só por isso, é também pelo prazer. Ao mesmo tempo estamos nos afastando do sofrimento e experimentando um prazer. O sexo é uma necessidade biológica essencial à perpetuação da espécie, mas ele não seria praticado se não fosse prazeroso. E por aí vai. Dentro da mesma ideia, quando estou em uma empresa costumo perguntar a seus diretores porque as pessoas trabalham lá. Se for apenas pela necessidade do salário, para não sofrer pela falta de dinheiro, teremos só meia motivação. É necessário pensar no prazer, na satisfação, na alegria, no erótico. Mas voltemos ao sonho, que também é um elemento de motivação, pois acena com a perspectiva de um futuro melhor.

Cortella – De fato, o sonho tem uma presença, mas é diferente de delírio, porque o sonho tem que ter um componente que é a factibilidade.

Mussak – Por isso é que às vezes as pessoas usam mal ou criticam a expressão *utopia*.

Cortella – Sem dúvida.

Mussak – Porque a utopia pode ser encarada como um delírio.

Cortella – E não é. A palavra utopia, em si, não é delírio. Delírio é o sonho que não tem factibilidade, não tem possibilidade, é impossível. E não é que ele seja improvável; ele é impossível. Carlos Drummond de Andrade dizia: "Eu escavo a casca do impossível até achar o possível lá dentro".[3] Na minha opinião, essa imagem caracteriza a ideia de factibilidade.

Paulo Freire usava uma expressão magnífica. Em vez de empregar a palavra *utopia*, ele usava a expressão *inédito viável*: aquilo que ainda não é, mas pode ser. Esse era o sonho. E esse é um grande combustível. Em 1997 o corpo de Paulo Freire morreu e em 2007 a Universidade Católica de Brasília (UCB) decidiu homenageá-lo. No dia em que se comemoravam dez anos da morte de Paulo Freire, a UCB criou, dentro do *campus*, algo que quase não existe em Brasília: uma esquina. E a essa esquina foi dado o nome

3. Em: *O amor natural* (1992). Rio de Janeiro: Record, 2007.

de esquina Paulo Freire, onde colocaram banquinhos, uma luminária e uma pequena placa com a inscrição Inédito Viável. A intenção era que as pessoas, no final da tarde, ou às sextas-feiras, se sentassem na esquina Paulo Freire e pensassem no inédito viável. Repito: o inédito viável é aquilo que ainda não é, mas pode ser.

Mussak – Será que a condição ou a função do líder não é atribuir o caráter de viável ao inédito?

Cortella – Claro, a factibilidade. A capacidade de fazer com que aconteça. É aquele sujeito a quem você se refere dizendo: "Aquele faz e acontece", o que até pode parecer uma redundância – faz e acontece –, mas não é. Trata-se do sujeito a quem não basta simplesmente estimular as pessoas, dizendo: "Gente, vamos lá". Isso é estímulo. Mas é aquele que se junta com os outros para fazer e acontecer. E nessa direção... volto a afirmar que gosto da palavra *utopia* e da palavra *sonho*. Acho que o combustível é o sonho. E o sonho com factibilidade.

Por exemplo, eu, Cortella, não posso sonhar que serei, em 2015, o melhor jogador de futebol da Federação Internacional de Futebol (Fifa), seja porque não tenho mais condições físicas, seja porque passou o tempo, simplesmente não tenho capacidade para isso. Embora tenha sido jogador de futebol um dia, isso já pertence ao passado. Não tenho nostalgia em relação ao fato. Tenho saudade.

Atualmente há vários livros que se revelam muito frágeis, compondo um tipo de literatura que diz que, se a pessoa desejar com força, ela realiza os seus sonhos. Isso é um perigo, pois tais livros, além de antipedagógicos, são também antifilosóficos, pois sugerem que, se os sonhos não acontecem, é porque a pessoa não desejou com força – o que não é verdade.

Mussak – Ou porque ela não teve fé suficiente.

Cortella – Isso mesmo. Existe um nível de factibilidade a ser examinado, e o líder é aquele que não anuncia um sonho sem antes, como você lembrou, verificar a viabilidade do inédito.

Mussak – Daí a importância de um líder ter um mínimo de rigor científico. O cientista não acredita em nada antes de verificar as evidências. Não cria esperança vazia, fé infantil, sonhos messiânicos. Um verdadeiro líder, se sonha um sonho impossível, mostra sua liderança ao criar a possibilidade. Daí a necessidade do pensamento estratégico, da lógica da estratégia aplicada à poesia do sonho. Os caminhos para liderar não são fáceis, mas devem ser trilhados por quem faz essa opção e mantém o olho no futuro, buscando mudar este mundo para melhor. Em nome da viabilidade do inédito os líderes ajudam o grupo a tolerar a crueldade do imediato. Como disse Frankl: "Quem tem um porquê suporta qualquer como".

Mussak – Falando em sonho, eu me lembrei de Shakespeare em sua peça *Sonho de uma noite de verão*. Há um diálogo em que uma personagem pergunta a outra: "Sabe você de que matéria somos feitos?". Ela mesma responde: "Somos feitos da mesma matéria que compõe os nossos sonhos".

Agora, complementando Shakespeare, eu diria que o sonho só se transformará em realidade se tiver a inteligência a seu serviço. E a inteligência a seu serviço significa a percepção da sua viabilidade e a construção da estratégia necessária para ligar estes dois pontos: o momento atual e o futuro desejado. Isso, aliás, é o que chamamos de pensamento estratégico: a conciliação entre a situação atual e o futuro desejado. Agora, Cortella, para construir essa ponte entre o atual e o futuro desejado, é bom que se use de fato a imagem da ponte, mas a ponte é a parte mais fácil. É só colocá-la ligando as duas margens do rio – desde que estas já estejam preparadas para recebê-la.

Cortella – Desde que tenham solidez.

Mussak – Em outras palavras, é absolutamente necessário conhecer os objetivos. Isso me fez lembrar de Lewis

Carroll, autor de *Alice no país das maravilhas*. No livro, Alice pergunta ao Gato de Cheshire que caminho deve seguir, e ele lhe diz: "Bem, depende do lugar para onde você quer ir". "Você sabe que não sei para onde quero ir", argumenta ela. Ao que ele replica: "Ora, se você não sabe para onde quer ir, qualquer caminho serve". O mais importante do livro de Carroll é que, no instante seguinte, o gato se torna invisível – torna-se invisível, mas deixa presente o seu sorriso, um sorriso sarcástico, ou riso sardônico, como diríamos em medicina. A mensagem que ele transmite é o que o mundo faz com pessoas que não têm sonhos, não têm objetivos, não sabem para onde querem ir: o mundo ri delas. Não nos esqueçamos de que Lewis Carroll, que se tornou conhecido por seus livros de literatura infantil era professor de matemática e publicou ainda sete livros de lógica matemática.

Cortella – É, eu gosto muito desse autor.

Mussak – Seu verdadeiro nome era Charles Dodgson, e seus livros infantis são impregnados de lógica.

Cortella – Ele tem um argumento lógico que serve para aquilo que Nelson **Rodrigues**, grande pernambucano que viveu no Rio de Janeiro, chamava de os "idiotas da objetividade", expressão também do agrado de **Sartre**. Dodgson, dirigindo-se àqueles que querem o mundo muito claro e explicado o tempo todo, disse que se você deseja, por exemplo, um relógio que funcione sempre de maneira perfeita, você precisa ter um relógio quebrado, porque só este marca a hora absolutamente correta duas vezes ao dia. Pois se o seu relógio quebrado indica oito horas, ele está exato às oito horas da manhã e da noite. Um relógio que funcione regularmente nunca indica a hora certa, dado que a ciência até hoje não conseguiu estabelecer um mecanismo absolutamente preciso para a medição do tempo.

Mussak – Nem que você more em Greenwich.

Cortella – Exatamente. Só um relógio quebrado marca, duas vezes por dia, a hora exata. Por isso um mundo perfeito é um mundo quebrado, e nós não queremos um mundo perfeito. Queremos o mundo dos sonhos, onírico. Somos feitos também de sonhos.

Mussak – Claro, Cortella. O sonho está ligado com a nossa capacidade de realizá-lo. Tem até aquela frase: "Você é do tamanho do seu sonho"...

Cortella – César **Souza** escreveu o livro *Você é do tamanho de seus sonhos*.

Mussak – Sim, ele buscou inspiração para esse livro entrevistando presidentes de grandes empresas brasileiras, como Luiz Seabra, Norberto Odebrecht, Osires Silva. Todos lhe contaram que iniciaram suas empresas a partir de um sonho.

Ele tem uma carreira brilhante como executivo, é um consultor importante no Brasil e utiliza essa frase de forma magistral.

Mas eu acrescentaria que você é do tamanho da sua capacidade de realizar os seus sonhos. Porque conhecer o sonho, que é a ideia da Alice – saber exatamente aonde quer chegar –, aparentemente não é suficiente. É necessário que você saiba também onde está. Se você, Cortella, deseja ir para o Rio de Janeiro, precisa ir para o Norte ou para o Sul?

Cortella – Depende de onde eu estiver, é claro.

Mussak – Pois é, se estiver em São Paulo, precisa ir para o Norte, se em Salvador, para o Sul.

Cortella – É como a noção de longe, alguém mora longe...

Mussak – "Longe é um lugar que não existe."[4]

Cortella – É um conceito relativo.

Mussak – Tudo é relativo. Portanto, acho que, antes do indivíduo definir o seu sonho, ou concomitante a essa definição, ele tem de aumentar substancialmente seu grau de autoconhecimento. De forma muito clara e muito humilde,

---

4. Referência ao livro de Richard Bach. *Longe é um lugar que não existe.* Rio de Janeiro: Record, 1990.

você já me contou que o seu sonho seria tornar-se o melhor jogador da Fifa, mas que você não acredita nessa possibilidade.

Cortella – Não, seria delírio!

Mussak – Porque você rapidamente fez – nesse caso não foi um esforço muito grande – uma autoanálise.

Cortella – Claro, sem dúvida.

Mussak – Você não foi em frente e reconheceu: "Isso não é para mim".

Cortella – Porque isso seria loucura, não seria sonho.

Mussak – Portanto, a criação do sonho que não seja delírio passa pelo autoconhecimento.

Cortella – Então o líder é alguém que tem autoconhecimento. É o *Nosce te ipsum* dos latinos, ou seja, o "Conhece-te a ti mesmo", inscrito no templo de Apolo.

Mussak – Isso é anterior a Sócrates.

Cortella – Sim, no templo de Apolo, esculpida em seus pórticos, havia a inscrição "Conhece-te a ti mesmo", que orientava a passagem dos sábios da Grécia e que inspirou Sócrates na construção de sua filosofia. Aliás, é **Platão** quem vai atribuir a Sócrates essa frase, revelando em sua obra *A república*, no livro VII, o que acontece com aquele que quer iluminar os outros, que quer liderar e tirar do escuro da caverna os prisioneiros amordaçados. Certamente será assassinado, tal como aconteceu com Sócrates um dia.

O coelho da Alice e o cronômetro do Taylor

Cortella – Voltando à história de *Alice no país das maravilhas*, é interessante observarmos que ela representa um pouco do que vivemos nestes tempos de século XXI. A primeira cena que aparece é Alice brincando; então ela vê um coelho, corre atrás dele e cai num buraco. De certo modo esse coelho simboliza, nossas metrópoles, porque ele está sempre atrasado, o tempo todo com o relógio na mão e dizendo: "Estou atrasado, estou atrasado". Também a vida no País das Maravilhas nos lembra algumas incongruências de nosso cotidiano. Por exemplo, quando Alice assiste a uma cerimônia de decapitação, presidida pela rainha, Alice lhe pergunta: "Mas o que está acontecendo?". "Hoje ele vai ser decapitado, amanhã será o julgamento e depois de amanhã vai ser o crime", responde. Alice protesta: "Ora, isso não faz sentido". E a rainha adverte: "Neste lugar, você precisa correr muito para ficar onde está. Se quiser mudar de lugar, você tem que correr o dobro".

Acho que essa ideia de velocidade insana passa também pela capacidade de um líder que precisa ser alguém que acalma o desespero. Existe uma ansiedade, uma fúria desesperada por chegar, mas falta clareza, tal qual o sorriso do gato de Alice em relação ao lugar para onde ela quer ir. O líder não é alguém que permite que a manada dispare numa corrida desabalada nem é alguém que corre na frente dela. O verdadeiro líder é aquele que é capaz de fazer com que a manada pense para onde deseja ir e só decida ir a um determinado lugar se valer a pena. Portanto, o líder não é só um condutor automático, mas é aquele que partilha um sonho e, ao partilhá-lo, aumenta as chances de sua realização.

Retomando agora nosso ponto de partida sobre este tópico, eu gostaria de saber como você trabalha as noções de persistência e relevância, pois acredito que ambas derivam da mesma perspectiva.

Mussak – Essa questão de dar o ritmo talvez seja uma qualidade importante para o líder – para aqui recuperar a história de Moisés, um líder inconteste, que você bem lembrou há pouco. Ele usou o ritmo adequado para chegar à Terra Prometida, para atravessar um deserto de quatro quilômetros. Ele ali perambula durante 40 anos porque não desejava chegar à Terra Prometida com um povo que tinha mentalidade de escravos. Assim, ou ele chegaria com a próxima geração, ou com essa geração já depurada pelo tempo. Ele usou o ritmo adequado. Isso me lembra um pouco a visão taylorista/fordista que tinha a intenção de reduzir o tempo gasto na produção. Eficiência significa atingir melhores resultados com mais rapidez. Era por isso que, nas fábricas em que trabalhava, Taylor andava com o cronômetro na mão.

Cortella – Como o coelho da Alice.

Mussak – Exatamente como o coelho da Alice: "Estou sempre atrasado". Só que, em vez de atribuir a si próprio o atraso, ele dizia aos operários que eles estavam sempre atrasados. Ele teve uma virtude, pois pretendia alcançar um resultado que fosse ao mesmo tempo melhor, mais rápido e também com menos esforço físico. Essa foi a virtude do sistema taylorista de produção. Ele criou as estações de trabalho...

Cortella – Para poupar as pessoas.

Mussak – Para poupá-las do esforço físico. Então, ele cria a famosa fórmula de eficiência segundo a qual a pessoa será tão mais eficiente quanto maior e mais rapidamente se atingir o resultado desejado. Contudo, hoje, isso deve ser questionado, porque vivemos em um mundo que exige rapidez, que exige eficácia, o que significa um resultado mais rápido, e isso está nos desumanizando, está nos amarrando, tornando-nos escravos do relógio.

Mas, lembrando como Moisés usou com sabedoria o tempo, adequando-o, eu queria refletir um pouco com você sobre o líder e o uso do tempo. Uma vez eu falava para um grupo de médicos sobre a ideia da competência e mostrava que, de fato, competência não é pura e simplesmente sinônimo de resultado, mas é o resultado em relação aos recursos utilizados, incluindo o tempo. Uma médica fez um aparte, contestando: "Isso não vale para os médicos". Perguntei: "Por que não?". "Você sabe que existem médicos que atendem em cinco minutos e médicos que atendem em 50 minutos. Então a sua teoria não vale porque, de acordo com ela, seria mais competente o médico que atende em cinco minutos e não o médico que atende em 50 minutos." Eu lhe expliquei que a perspectiva estava incorreta, porque o tempo que deveríamos considerar não é o tempo da consulta e sim o tempo do resultado, que é a cura. E propus: "Você acha que o paciente prefere um médico que consegue curá-lo em dois dias ou aquele que o faz em duas semanas? Evidentemente aquele que promove sua cura em dois dias. Entretanto, o médico que o cura em dois dias provavelmente é aquele que o atendeu em 50 minutos".

Portanto, este também é um atributo do líder: usar bem o tempo. Porque se eu lidero uma equipe, eu me aproprio do tempo dessas pessoas. Se tenho uma equipe de dez pessoas, cada uma trabalhando para mim oito horas por dia, tenho à minha disposição 80 horas. Então, uma atitude inteligente de minha liderança é utilizar bem o tempo dessas pessoas, de forma produtiva e feliz. Porque, se for só produtiva e não for feliz, minha atitude não foi a de um líder.

Cortella – Muito bom o seu exemplo, Mussak. Lembro-me de quando fui secretário da educação da cidade de São

Paulo... Um dos assuntos que discutia com as diretoras de escola era a minha contrariedade – e penso assim até hoje – a que se dê tarefa ou lição de casa para ser feita no final de semana pelas crianças no ensino fundamental. Sou favorável a que se faça isso de segunda a sexta, mas não no final de semana. Nenhum de nós gosta de levar tarefa para ser feita em casa no final de semana.

Nós, professores, há anos temos dificuldade de lidar com as coisas da escola aos sábados e domingos. Às vezes até sonhamos – na área da educação isso só pode ser um sonho... – que somos funcionários "normais": fechamos o caixa da loja, ou fechamos o caixa do banco, e aí só vamos voltar na segunda-feira... Mas temos de levar serviço para casa porque sempre há o que planejar, executar e avaliar.

Independentemente disso, eu dizia que não se deveriam torturar as crianças com tarefa aos sábados e domingos porque isso as levava a ter uma relação desprazerosa com a escola. Afinal de contas, a criança volta para casa na sexta-feira, depois de terminadas as aulas, levando tarefa para o final de semana. Mas quando é que ela vai pegar de novo em seu material? Não será na sexta-feira, nem no sábado... mas só no domingo à noite, quando, debruçada sobre a mesa da sala, morrendo de sono e com ódio, vai finalmente fazer a tarefa.

Argumentando isso com as diretoras, várias diziam assim: "Mas se não fizermos isso, não dá tempo de dar a matéria". E eu frisava: "Currículo é planejamento. Planejamento é escolha.

Escolha é seleção. Seleção depende de critério. Critério você utiliza de acordo com aquilo que você quer trabalhar. Se você não consegue distribuir de segunda a sexta aquilo que precisa ser feito, você está com problema de planejamento. E porque você tem um problema de planejamento, isso está incidindo sobre as crianças. Ou aquilo cabe ali...". "Ah, mas não dá tempo de dar a matéria!" A pergunta é: "Qual matéria?".

Conteúdo é escolha, é seleção. Nunca se dará na escola tudo o que tem que ser dado. É por isso que bons diretores e bons professores que conseguem liderar um processo são aqueles que usam o tempo com sabedoria, de acordo com o critério da utilidade, para produzir a eficácia sem mal-estar. Ou seja, sem o sofrimento inútil, que é aquele que vem nessa perspectiva, causado um dia por um professor (espero que você não tenha feito isso como docente; pessoalmente procuro não fazer) que, ao chegar ao final de junho, diz: "Aproveitando que vocês vão entrar de férias, leiam *Os irmãos Karamázov*" – e se criou ali uma relação odiosa com a literatura.

Mussak – E haverá prova sobre isso.

Cortella – Pois é, ainda isso. Portanto perde-se assim todo o prazer, todo o erótico... Em vez de liderar um processo de condução ao mundo da alegria e ao mundo do sofrimento russo, se o professor, antes de fazer os alunos atravessarem o mar Vermelho – que é *Os irmãos Karamázov* –, disser: "Olhem, já imaginaram: tem uma frase aí que diz que, se Deus não existe, tudo é permitido. Será que isso é verdade? O que acontece com três irmãos que se debatem com tantas questões e o pai idoso? Como vocês veem isso?". Isso é provocar o erótico, atrair, balançar – como faz qualquer animal, como faz qualquer humano –, despertar a sedução. E aí, sim, propor: "Olhem, tem um livro que trata disso. Se vocês puderem, leiam". Pronto. Você obterá isso.

Mussak – Você traz a discussão sobre liderança para o mundo da educação, Cortella. Eu ajo assim com frequência, mas faço também o oposto: trago o mundo da educação para o âmbito da liderança.

Ficando apenas no primeiro estágio, por enquanto, quero lhe dizer que, assim como há pouco afirmávamos que há chefes que não são líderes e há líderes que não são chefes, também há professores que atuam como educadores – o educador, nesse caso, funcionando como líder – e há educadores que não são professores nas escolas, nos ambientes escolares. Os professores que, no meu entender, se comportam exclusivamente como professores são aqueles que se limitam a transmitir o conhecimento. Isso, inclusive, contrariando o nosso querido Jean **Piaget**, para quem o conhecimento nem sequer pode ser transferido, só pode ser construído, e a função do professor seria ajudar o aluno a construir o conhecimento. Mas eu prefiro, antes de Piaget, a visão de Sócrates, segundo a qual educar é ensinar a pensar. O conhecimento é o meio que você utiliza para estimular o pensamento. Nesse caso, esse professor estaria atuando como líder.

E eu acredito que no Brasil temos um problema crônico que se agudiza em um momento da vida estudantil do aluno;

trata-se da forte conexão do conteúdo programático com a síndrome do provismo. Nós queremos saber o conteúdo que vai cair na prova. Em outros países não é muito melhor, mas aqui no Brasil a situação é mais grave... O aluno será classificado como vencedor ou perdedor dependendo de sua aprovação ou não no vestibular, e este nada mais é que algumas provas, realizadas em três ou quatro dias, que vão definir o seu futuro. Então, hoje, o sistema educacional brasileiro está fortemente impregnado da ideia que deriva dos cursinhos pré-vestibulares. Até porque esse sistema de educação, que é adotado por muitas escolas públicas e privadas, é estruturado e redigido por empresas de educação que começaram, todas elas, como cursinhos pré-vestibulares. Todas, sem exceção. E o cursinho pré-vestibular precisa, por sua própria característica, trabalhar com conteúdo. O professor tem a aula número 1, a aula número 2, e assim por diante, e não pode levar um assunto da aula número 1 para a aula número 2 porque vai atrapalhar a aula número 3. Então, ele não está muito preocupado em estimular pensamento, e sim em lidar com o conhecimento.

Cortella – Mas há uma premissa de base que vale para a educação e para a empresa, que é supor que a vida é uma corrida de 100 metros rasos, quando, na verdade, é uma maratona. A vida é uma maratona. É necessário ter ritmo, ter capacidade de economizar energia. Temos que saber que, às vezes, não estamos na frente, mas sim no pelotão secundário, porque estamos nos poupando para um momento em que a escalada vai ser mais difícil. Muitas vezes a escola prepara as pessoas para aquilo que seria uma corrida de 100 metros rasos. E é evidente, como já observamos na própria corrida, que, depois que o atleta corre os 100 metros, ele quase desmaia, porque gasta toda a capacidade que tem naquele tipo de trajetória.

A Pontifícia Universidade Católica de São Paulo (PUC-SP), onde dou aula, e a Universidade Estadual de Campinas (Unicamp) fizeram um estudo, há alguns anos, que tentava capturar as alterações no desempenho dos alunos, comparando a nota de entrada no vestibular com a nota de saída ao final do curso. Curiosamente, as dez melhores notas no vestibular não eram as dez melhores notas na hora da saída. As dez melhores notas, cinco anos depois, eram as dez melhores notas da redação. Ou seja, o aluno com melhor desempenho na autonomia do saber pensar por si mesmo conseguia um resultado mais adequado. Aquele que vinha com a carga do cursinho, quando a base era só informação, até apresentava um bom desempenho no primeiro ano. Entretanto, em seguida esse desempenho deixava a desejar, pois lhe faltava o treinamento para saber pensar, saber pesquisar.

Mussak – Habilidade intelectual, enfim.

Cortella – Claro. Quando se fazia necessário avançar um passo com autonomia, aí é que ficava patente a dificuldade causada por desgaste e perda de força. Por que estou dizendo isso? Porque acho que o líder, na escola ou fora dela, é aquele que consegue promover, proteger, cuidar da autonomia. A última obra de Paulo Freire em vida foi exatamente um livro chamado *Pedagogia da autonomia*. E não por acaso. Pois o que é autonomia? É a capacidade de você fazer por si, inventar, criar, ir adiante. Costumo dar um exemplo que vem de Karl **Marx**. No século XIX, Marx dizia que a melhor das aranhas sempre será pior do que o pior dos tecelões. Pior inclusive do que alguém como eu, que teço muito mal, que não sei fazer um crochê, um tricô. A melhor das aranhas sempre será pior que os tecelões por uma razão: a melhor das aranhas faz teias perfeitas. Mas ela só faz aquela. Por um defeito natural, ela nasceu sabendo, ou seja, ela faz teia como a mãe fazia, como a avó e a bisavó, mas ela não muda a teia, ela não muda por si a teia. Eu posso fazer com que ela mude e também o poderá fazer a natureza por evolução, mutação ou acaso. Mas ela por si não muda. E eu, que sou um mau tecelão, sou capaz de inventar, criar. Interessante que muita gente quer "aranhar" pessoas na escola e na empresa, isto é, quer torná-las como aranhas. Você lembrou Taylor... a clássica cena de Charles Chaplin em *Tempos modernos*,[5] em que pessoas

5. Lançado nos Estados Unidos em 1936, o filme, dirigido por Charlie Chaplin, é estrelado por ele e Paulette Goddard.

que estão *aranhando*, isto é, apenas reproduzindo. E, vez por outra, é preciso lembrar que Chaplin, apesar de admirável no campo da arte, foi conservador no campo político. Não me refiro aqui a sua atuação fora da tela, mas nos próprios filmes. Você lembra que em nenhum dos filmes que produziu, Carlitos, seu personagem principal, se une aos outros para fazer o que faz. Ele sempre busca fazer tudo sozinho: curva e dribla o poder, mas não o enfrenta; passa por baixo da perna do guarda, corre por trás, o indivíduo olha para um lado e ele pega o sanduíche pelo outro lado. Ele nunca enfrenta, sempre escapa, se esquiva, sai de perto. A única cena de todos os seus filmes em que ele se coloca na frente de um movimento foi, por mero acaso, justamente em *Tempos modernos*: ele apanha do chão uma bandeira que havia caído de um caminhão e se vê, acidentalmente, à frente de uma passeata. Mas é absolutamente casual, ele não a está liderando nem chefiando. Ele está fazendo outra coisa. Era a pessoa errada, no lugar errado, na hora errada. Ou seja, o contrário da ocasião. E acho que é possível ver bem representadas nessa situação tanto a escola quanto a empresa, porque, muitas vezes, o *modus operandi* de ambas é similar.

Mussak – É verdade. Você falou em autonomia. Gostaria de aprofundar um pouco mais o entendimento dessa palavra, pois o oposto de autonomia seria a heteronomia: *nomos*, do grego, "norma, lei, gestão"; *auto*, "própria"; *hetero*, "diferente". Portanto, o heterônomo é aquele que apenas obedece. Ele não faz a norma, apenas obedece à norma que foi criada por outro. Um autônomo cria a própria norma ou – e aí é que vem a parte que considero interessante – obedece à norma criada por outro após entendê-la. Porque, após entendê-la, ele a aceita como sua.

Liderança inteligente é aquela que cria seres autônomos e não heterônomos – porque heterônomo é o Carlitos, o indivíduo que aperta a porca 12 horas por dia e não tem a menor ideia do que está fazendo. Líderes mostram a relação entre a tarefa e o objetivo principal, a missão, a causa. Nós não gostamos de tarefas, mas gostamos de causas. O bom líder não é aquele que dá a tarefa, mas o que dá a causa. Ou é aquele que consegue atribuir à tarefa o sabor de causa, de missão. Quando se pergunta ao Carlitos o que ele faz na fábrica, ele diz que aperta porcas. Ele não sabe que está fabricando um motor, que vai para um avião, que vai transportar pessoas. Ele é um ser 100% heterônomo. Acho que a liderança inteligente cria indivíduos autônomos, que têm automotivação, que não dependem permanentemente da presença física do líder, do chefe.

Cortella – Que não precisam de um capataz.

Mussak – Não precisam de um capataz. Nesse sentido, o líder se aproxima muito do educador. Aliás, gosto muito da expressão *líder-educador*, que não é necessariamente um líder professor. É um líder que se comporta como educador na medida em que cria a autonomia no seu liderado, uma vez que o liderado trabalha não por tarefas e sim por causas.

Cortella – É por isso que o líder inspira: porque ele é uma presença silenciosa. Paulo Freire dizia, nesse sentido, algo especial: "Fazer como Paulo Freire não é fazer o que Paulo Freire fez. É fazer o que ele faria se ele estivesse nessa situação".

Mussak – Isso é legitimidade de um líder.

Cortella – Porque fazer como Paulo Freire, fazendo o que ele fez, é deslocar a necessidade, o tempo e a realidade. Mas fazer como Paulo Freire faria, se ele cá estivesse, é ter nele uma inspiração. Fazer como Jesus, como irmã Dulce ou como Zumbi dos Palmares não é fazer o que eles fizeram. É inspirar-se na causa, na obra, e, aí sim, ganhar – a própria palavra *inspiração* coloca – a possibilidade de vitalidade para aquilo.

E eu gosto da forma como você trabalha a ideia da heteronomia porque ela indica a possibilidade de perceber o que significa alienação. O líder não aprecia alienação. Quem aprecia alienação é o chefe despótico. Esse, sim, aprecia que o outro seja alienado. Isso se evidencia no campo da música, da religião, da arte, da política, da empresa. É interessante porque a palavra *alienado* até o século XIX, antes de **Hegel**, significava "louco". Tanto que Machado de Assis ainda usa a expressão *alienista* em um dos seus famosos contos, *O alienista*, em que Simão Bacamarte toma as providências para internar todo mundo de uma cidade. Até hoje a palavra em francês para hospício corresponde a "asilo de alienados". A perspectiva da alienação até o século XIX é alguém que está fora de si. Hegel vai usar o "fora de si" – e depois Marx mais ainda – com a noção de pertencimento. Isto é, o alienado é aquele que não pertence a si. Ele pertence à causa de outro, ao destino de outro, ao projeto de outro. O líder é aquele que impede a alienação, ou seja, que mostra o valor da causa, o valor da obra.

Mussak – É isso, Cortella: o líder mostra o valor da causa e o liderado a assume, isto é, a causa passa a lhe pertencer.

Cortella – Sem dúvida. É um *con-domínio*, não um domínio. Acho que toda obra de trabalho é um *con-domínio*. Quando você partilha o senhorio, partilha a gestão dessas coisas.

Mussak – Nesse sentido, Paulo Freire também dizia que educar é libertar, é dar liberdade às pessoas, e o nosso francês, Sartre, dizia que estamos condenados a ser livres. Eles nos encaminham para essa questão da autonomia, de você controlar o seu destino, mas dentro de uma lógica que implica não prejudicar o destino do outro. Isso é uma coisa muito bela, e o líder consegue transferir essa causa de liberdade para cada um dos indivíduos porque eles estão, a partir do momento do exercício adequado da liderança, trabalhando não pela causa do líder, mas por uma causa comum. Talvez esta seja a grande habilidade do líder: conseguir transferir causas.

O filme *Coração valente*,[6] por exemplo, conta a história real de um líder, William Wallace, que provavelmente é a maior figura histórica da Escócia. E na famosa batalha de Stirling, quando os escoceses percebem o poderio do exército inglês, debandam, sem que seu chefe consiga retê-los. É que nem sequer estavam lutando pelas terras deles, uma vez que eram vassalos; estavam lutando pelas terras dos senhores feudais. William Wallace chega e lhes diz apenas uma coisa: "Vocês não estão lutando pelas terras. Vocês estão lutando pela sua liberdade". A partir desse momento, aquela batalha ganha significado. Ela passa a pertencer a cada um dos indivíduos, ou seja, cada indivíduo se entrega à luta porque é um indivíduo autônomo e não porque é uma máquina, como a gente viu no filme do Chaplin, em que ele trabalha como se fosse um robô.

Cortella – Por isso que é emocionante quando o Wallace grita "Freedom" [liberdade] e parte em direção ao exército inimigo... Com coragem, daí o nome: *Coração valente*.

6. Lançado em 1995 nos Estados Unidos, o filme é dirigido e estrelado por Mel Gibson.

Mussak – Sim, mas aí é que está. Vamos examinar um pouco mais de perto essa questão da batalha de Stirling. Diante daqueles homens, daquele exército quase de Brancaleone, homens de pés descalços e malnutridos, que iam lutar contra um exército profissional, um exército de cavaleiros, homens a cavalo, bem alimentados, bem treinados e bem armados, Wallace consegue mobilizar os homens e inclusive ganhar a batalha porque ele lhes fornece principalmente três motivações.

Em primeiro lugar, ele oferece a causa. A partir daquele momento, os homens sabiam pelo que estavam lutando, estavam conscientes do para quê. Não interessava o porquê, já que este conecta com o passado, mas o para quê, pois este sinaliza o futuro, o horizonte, conectando com o futuro.

Em segundo lugar, ele oferece o exemplo, ao se juntar aos homens para lutar. Enquanto se dirige aos homens, fala com eles, está a cavalo. No momento em que a batalha vai começar, ele desce do cavalo e vai lutar junto. E, nesse particular, ele me lembra Alexandre quando, vindo de uma batalha, cruzando um deserto, quase morrendo de sede, ele e seu exército se encontram com uma caravana de mercadores. O chefe da caravana oferece água a Alexandre, que morria de sede. Alexandre, sedento, pega o odre e, naquele momento, olha para seus homens e pergunta ao mercador: "Mas você tem água para todos os meus homens?". O mercador responde: "Não, só tenho para você". Ele, então, devolve o odre sem tomar nenhum gole d'água, agradece e diz: "Ou você oferece água para todos os meus homens ou não oferece para nenhum de nós". Você pode imaginar por que ele era um homem adorado por seus liderados. Ele oferece o exemplo.

Cortella – Tanto que ele foi liquidado pelos seus generais e não por seu exército de liderados. Porque ele produziu inveja.

Mussak – Por isso foi assassinado. Às vezes é perigoso ser um líder transformador, porque você mexe com egos, vaidades e *status*.

Cortella – Provavelmente foi envenenado.

Mussak – Agora, o terceiro componente – e gostaria de ouvir sua opinião na sequência –, a terceira oferta que Wallace faz (e por isso ele é líder, porque tem algo a oferecer) é exatamente a condição para que o objetivo seja atingido: é a estratégia. Líderes cobram resultado, cobram comprometimento, mas também oferecem alguma coisa, e acredito até que sejam líderes porque oferecem mais do que cobram. Como ele sabe o que está fazendo, oferece uma arma a mais, que eram umas lanças especiais com as quais eles conseguiam anular o efeito da cavalaria. Porque de nada adiantaria oferecer a causa e o exemplo se não tivesse uma estratégia, se não tivesse colocado a inteligência a serviço desse sonho.

Cortella – Mussak, só por mera curiosidade, essa lança se chama macedônica ou sarissa, porque ela foi inventada por Felipe II, pai de Alexandre. O exército macedônico, conduzido mais tarde também por Alexandre, utilizava uma lança longa (que depois os romanos passaram a observar) de maneira que, se ele tivesse a retaguarda com escudos e a segunda linha com lanças longas, a cavalaria ficaria a distância.

Mussak – E a alternativa dos ingleses foi descer do cavalo e lutar homem a homem. E aí, como os escoceses estavam insuflados pela causa, conseguiram derrotar o poderio do exército inglês – coisa que não aconteceu na Argentina em 1982, quando o general Galtieri, pretendendo desviar a atenção dos argentinos dos problemas internos, cria um inimigo externo, a Inglaterra, e invade as Malvinas (Falklands, para os ingleses).

Cortella – Ele escolheu errado.

Mussak – Escolheu erradíssimo, porque ele não tinha condições de enfrentar os ingleses, ao contrário do Wallace, que tinha uma estratégia. Os jovens soldados argentinos foram à guerra com armas ultrapassadas, sem roupas adequadas, muitos morreram por consequência do frio. Aquele presidente foi extremamente irresponsável com seu povo.

Cortella – E não pensou no bem comum...

O poder que, em vez de servir, se serve, é um poder que não serve

Cortella – Mussak, você falou há pouco do líder como aquele que procura o bem comum, ou seja, aquilo que é comungado como sendo do coletivo. Aristóteles dizia que esta era a finalidade da política, a felicidade, aquilo que em grego é *eudaimonia*. A felicidade é o resultado e a finalidade da política. Em 2005 a Papirus publicou o livro *Nos labirintos da moral*, em que Yves de La Taille e eu dialogamos sobre moral, ética, valores, entre outras questões candentes da atualidade. Num determinado momento, Yves cita a definição de ética – e, portanto, a possibilidade de felicidade – de Paul **Ricoeur**, segundo a qual ética é vida boa para todos e todas em instituições justas. É interessante porque a ideia de justeza de uma instituição é aquela que propõe de fato uma organização da capacidade de vida boa para todos. É a noção de bem comum. A liderança política é aquela que sabe que precisa usar o poder em prol do bem comum. Costumo empregar uma frase, vez ou outra, que parece um trocadilho, mas funciona: a finalidade do poder é servir – servir à comunidade, à família, à empresa, a um grupo religioso etc. E todo poder que, em vez de servir, se serve, é um poder que não serve. A finalidade do poder não é servir a si mesmo.

Mussak – Essa é uma ótima frase, Cortella, e posso lhe assegurar que há uma forte tendência na atualidade de mostrar aos líderes que eles existem para servir a seus liderados, e não o contrário. É medíocre o líder que pensa: "Minha equipe está sempre à minha disposição". Os líderes brilhantes são aqueles que afirmam o contrário: "Estou sempre à disposição da minha equipe". Até porque quem trabalha é a equipe. Isto é liderar: atingir objetivos com a colaboração das pessoas.

Cortella – Gosto de pensar que o líder é aquele que tem ojeriza à mediocridade. Porque mediocridade não significa ignorância ou impossibilidade. Mediocridade significa satisfazer-se com o mínimo.

Mussak – Eu prefiro a ignorância, porque ela pode ser combatida. A mediocridade, não.

Cortella – Gosto da frase: "A diferença entre a genialidade e a estupidez é que a genialidade tem um limite". O líder é aquele que vai contra a mediocridade, que se traduz em se satisfazer com o mínimo quando é possível obter mais, talvez o máximo. E, nesse contexto, ter o máximo não é ganância, é ambição. Afirmo até que, nesta crise em que estamos inseridos (2008/2009), o que realmente se desencadeou não foi uma crise econômica, mas uma crise ética. Nos últimos dez anos, a ideia de ambição foi substituída pela ideia de ganância. Ambicioso é aquele que quer mais. Ganancioso é aquele que quer só para si a qualquer custo. O líder ganancioso não é verdadeiramente um líder. Hitler foi ganancioso. Mussolini também: queria poder, queria acumular, tanto que ele tinha uma estética voltada exatamente para essa condição. O líder valoriza uma estética da bondade. Embora a bondade pareça ligada ao mundo da ética, ela está ligada ao mundo da estética. Quando dizemos: "ela é uma bela pessoa", estamos falando de sua capacidade de repartir o bem. Acho que o líder é aquele que tem essa condição.

Mussak – Você fala a respeito da ambição. Eu queria recuperar um pouco esse tema porque pessoalmente considero que ambição é uma qualidade importante dos líderes.

Costumo dizer que há três qualidades que precisam dar suporte uma à outra: ambição, competência e integridade. Pois, veja, se alguém tem ambição e competência, mas não tem integridade, será provavelmente um tirano. Se tem competência e integridade, mas não tem ambição, será no máximo um tecnocrata. Se tem ambição e integridade, mas não tem competência, não passa de um visionário. O líder precisa ter essas três qualidades. A ambição no sentido de realizar, porque nós – não sei se é exclusividade brasileira, acho que não – confundimos ambição com desejo de ganhar dinheiro.

Minha visão é mais abrangente, até um pouco aristotélica, quando o filósofo nos explica que nós buscamos o sentido da vida... Atravessamos a vida buscando o seu sentido e uma boa maneira de o encontrarmos – isso está lá no seu *Ética a Nicômaco* – é providenciarmos a nossa evolução, isto é, o nosso desenvolvimento, procurando, ao mesmo tempo, deixar o mundo melhor. Isso é a busca do *ágato*, deixar o mundo melhor por meio da excelência. E este mundo só fica melhor por meio do nosso trabalho, das nossas ações ou das nossas palavras. O bom disso é que, ao fazermos com que este mundo melhore, também evoluímos. Isso para mim talvez seja a melhor representação do que chamo de ambição. Ambição é querer deixar um legado, querer fazer a diferença, querer deixar este mundo melhor. Essa é a qualidade de ambição que atribuo ao líder.

Cortella – E ambição é, antes de mais nada, uma inconformidade. Isto é, o não repouso dentro daquilo que é o imediato agora. É a incapacidade de limitar-se ao território presente. Ambição não se confunde com ganância todas as vezes que ela significar: "Eu quero mais condição de vida, mais condição de conhecimento, mais condição material, mas não quero só para mim". A ambição é o mais partilhado, enquanto a ganância é o mais restrito. Por isso cabe ao líder, àquele que tem a intenção de uma liderança, seja em que área for, não simplesmente mandar nas pessoas, mas fazer com que elas construam a obra de uma maneira alegre, feliz, prazerosa e significativa... A ambição tem uma presença muito grande nisso.

Você citou a *Ética a Nicômaco*, e aí me lembrei dos princípios éticos de **Kant**. No século XVIII, ele dizia que todas as vezes que você for fazer alguma coisa, para saber se aquilo é ético, você precisa se perguntar três coisas. A primeira delas é: isto que vou fazer... qualquer um poderia fazer? Esse é o critério da universalidade. A segunda é: isto que vou fazer... qualquer um poderia saber? Esse é o critério da publicidade. E a terceira é: isto que vou fazer... torna a vida humana melhor? Tal é o critério da felicidade. Se eu juntar universalidade, publicidade e felicidade, tenho os critérios para determinar aquilo que é ético e para escolher a ambição. O ambicioso quer, de fato, que o conjunto humano vá em direção ao melhor. É a potência máxima de vida máxima.

Cortella – Você se lembra, Mussak, que o livro *Política*, bem como o *Ética*, têm a natureza como referência o tempo todo. As mulheres não gostam muito quando fazem a leitura de Aristóteles porque ele as coloca numa posição secundária por supor, na relação da natureza macho-fêmea, que o macho é o líder. O macho é aquele que tem capacidade política. Obviamente, não poderíamos chamar Aristóteles de machista, pois esse conceito não se aplicava naquele momento, e não podemos projetar daqui para lá.

Mussak – Claro, era um momento histórico muito especial.

Cortella – Exceto por esse componente em que as mulheres são secundarizadas... aliás, como o foram na história ocidental. Tanto que outro dia, num debate com crianças, algumas delas me perguntaram se não existiram filósofas. Eu lhes disse que, sem dúvida, existiram sim, mas não ficaram registradas na história. Há algumas matemáticas, algumas mulheres que se dedicaram à música, mas não se costuma guardar na memória aquilo que não é entendido como valioso. E há uma secundarização do feminino. Tanto que, se pensarmos em uma líder guerreira como Joana D'Arc, logo concluímos que ela só consegue sê-lo porque ela se traveste. E, ao colocar-se na condição masculina, aí sim ela terá a possibilidade de liderar parte do exército francês. Mas ela tem que se travestir.

Mussak – Ficava um homem meio *prêt-à-porter*...

Cortella – Vale o chiste. E é curioso porque a literatura britânica anglo-saxônica do século VIII vai trazer todo o ciclo arturiano, o mundo masculino, do modo como chegou a nós. Mas hoje, quando se recuperam os textos originais, descobre-se que o feminino tem uma presença muito grande. Validado isso, encontramos também na bíblia hebraica várias mulheres que lideram. E, não por acaso, ela contém livros com nomes femininos: Ester, Rute, Judite. Essa presença feminina faz com que, vez ou outra, se suponha que a liderança não pode ser exclusiva, atributo apenas do masculino. Ou que uma mulher, para poder liderar, precisa ganhar atributos masculinos, precisa se androgenizar, precisa se tornar mais masculina...

Mussak – Só uma questão: na literatura inglesa, Jane **Austen** trata bastante disso, e é interessante que, à primeira vista, ela coloca a mulher numa posição submissa. Mas, se lermos as entrelinhas da sua obra, vamos perceber que a mulher sempre é a figura central e que, no fundo, ela manipula o homem. Li, recentemente, que até pouco tempo atrás o poder, que é algo que inebria os líderes, é afrodisíaco; é esse um dos motivos pelos quais as pessoas desejam liderar, para poderem exercer o poder – podemos voltar depois a isso para descobrirmos qual a origem desse poder, como ele é construído, mas não é esse o ponto que quero abordar agora. O que quero abordar é que acreditava-se que esse desejo de poder era uma exclusividade ou um predomínio do mundo masculino, que o homem gosta mais do poder do que a mulher. Hoje a psicologia moderna jogou isso por terra: a mulher gosta do poder tanto quanto o homem. Talvez a diferença esteja no fato de que a mulher exerce o poder quando necessário e o homem o exerce o tempo todo. Ele precisa demonstrar o seu poder.

Cortella – É uma questão de "espetacularizar" o poder.

Mussak – O poder para o homem é uma espécie de símbolo fálico, é algo que está para fora, que precisa ser potente, precisa estar ereto.

Cortella – Sim, porque nos falta o único poder que não temos, que é o poder de dar continuidade à vida.

Mussak – Que é o útero, que é interior, e que só se manifesta para dar a vida quando provocado para isso e quando necessário for. Portanto a mulher também ama o poder.

Cortella – Em outros momentos, ele é econômico.

Mussak – Exatamente, em outros momentos ele é econômico, preserva-se.

Cortella – Você fala do poder e do sexo... E para a gente voltar a isso até, Henry **Kissinger** é autor de uma clássica frase: "O sexo é para principiantes. Maduros gostam de poder". Ou seja, existe uma energia erótica no poder, existe uma energia erótica na liderança. Afinal de contas, essa erotização da liderança não vem do egoísmo, mas da capacidade de encontrar prazer e edificar coletivamente uma obra. Acho que, quando se diz: "A gente gosta de liderar", não é o gosto apenas de ser seguido, porque seria uma auto-homenagem – isso é uma coisa muito cabotina. Gosto de liderar; eu gosto de liderar um processo numa sala de aula, liderar uma palestra, liderar um projeto não pelo prazer de ser seguido, mas pelo prazer de inspirar. Acho que, como a ideia do erótico é a partilha, a ideia do erótico é basicamente a sua capacidade e a minha de não ficarmos fechados dentro de nós mesmos; é não só termos prazer, mas também oferecermos prazer, e isso constrói uma outra percepção. Quando me casei com a Janete, há algumas décadas, ela foi capaz de usar uma música de Djavan para caracterizar o que desejava na relação. Ela expressou isso com uma clareza tão grande que até hoje não esqueço. Quando começamos a namorar, ela disse assim: "Preste atenção nesta música de Djavan em que ele diz: *Você quer zero a zero, eu quero um a um*". Ela não estava dizendo que eu queria zero a zero, é a música que diz isso. O que ela me disse é: "Preste atenção para não querer zero a zero". Porque, embora zero a zero e um a um sejam empates, não são o mesmo tipo de empate. O empate erótico é o um a um. O empate do zero a zero é chocho.

Então é essa ideia do erótico como condição mesma do poder, mas não um poder que deseja subjugar. Creio que o líder não deseja subjugar as pessoas. Vejo-o antes como aquele que usa o poder para que a vida coletiva tenha prazer e, nesse sentido, não é uma relação sádica. Existem muitas chefias que são sádicas. Aliás, são aquelas que, hoje, são objeto de processo decorrente de assédio moral. São ocupadas por aqueles que, porque têm o poder, ao invés de o utilizarem para o bem, utilizam-no para o próprio e exclusivo prazer, como se fosse uma masturbação de poder. Passam ao lado do funcionário e dizem: "Olhe, estou de olho em você, hein?". E não dizem o que é. Deixam o outro em estado de pânico, não em estado de atenção. Agem como aquele professor que, enquanto o aluno faz uma prova, coloca-se ao lado dele e pronuncia um "tss, tss, tss" enquanto só balança a cabeça expressando censura. Imagine só se isso é um incentivo! Há até quem entenda isso como incentivo, dizendo: "Ele vai ficar esperto". Não, ele vai ficar aterrorizado! Mais do que isso, ele vai ficar com raiva do professor e, se ele puder, na primeira oportunidade, ele parte para cima.

Aliás, segundo uma recomendação do Corpo de Bombeiros, quando alguém for pegar um animal, deve sempre deixar para ele uma rota de fuga. Ele tem que enxergar uma rota de fuga. Isso vale quando vamos falar com um subordinado, lidar com uma criança ou com um gato. Se o acuamos, ele só tem uma alternativa: atacar-nos. Aí ele pula para cima de nós. Se ele enxergar uma rota de fuga, percebe que não precisa usar aquela alternativa. Muitas vezes, aqueles que não têm ideia de liderança usam o poder para acuar o outro. Lamento, a palavra *acuar* significa exatamente o que ela contém como radical, significa exatamente "colocar alguém encostado na parede". É como "recuar". E, nessa percepção, é uma ideia de domínio. E há pessoas que tentam fazer com o outro um "empalamento mental", isto é, submetem-no à tortura, fazendo com que ele fique acuado.

O líder é aquele que corrige sem humilhar, que orienta sem ofender. Porque ele – e aí voltamos ao autoconhecimento de que você falou com tanto acerto – tem segurança. Não é que ele não tenha medo, mas ele tem segurança. E a segurança se constrói. Aí fico imaginando como você construiu a sua carreira... só pode ter sido com segurança. E a segurança vem da capacidade de saber que você não sabe tudo o que pode ser sabido. É o "só sei que nada sei" de Sócrates...

Mussak – ... e que jamais saberemos. Você coloca com muita propriedade essa questão do poder. Eu queria também discorrer um pouco sobre esse tema.

Em primeiro lugar, o poder realmente inebria, ele atrai as pessoas. O que as pessoas não percebem é como esse poder é construído. Gosto muito da ideia de que o poder é construído a partir da responsabilidade. Ter responsabilidade significa ser capaz de responder por seus atos. Mas o líder não responde só pelos seus atos; responde também pelos atos daqueles que lidera. E, a partir do momento em que ele assume a disposição de responder pelos atos de seus liderados, ganha poder. O preço do poder é a responsabilidade, enquanto o preço da inocência é a impotência.

O inocente é aquele que sempre transfere para o outro a responsabilidade: "Não, a culpa não foi minha, a culpa foi do outro, foi do mercado, foi do concorrente. A culpa foi do meu funcionário. Eu sou inocente". Ao se colocar na posição do inocente, ele não percebe que está automaticamente se colocando na posição de impotente, e impotente é aquele que não tem poder. Portanto o poder deriva da disposição que as pessoas têm de assumir responsabilidade.

Essa é uma visão extremamente interessante porque, quando estou trabalhando nas empresas, especialmente com os mais jovens que estão sendo preparados para assumir cargos de liderança, e tendo consciência de que as empresas estão preocupadas em dotá-los das ferramentas de liderança, costumo insistir que, antes de qualquer outra coisa, a liderança é uma escolha, e a escolha pressupõe renúncia. É justamente essa noção da renúncia que nos angustia. A ansiedade deriva da necessidade de tomarmos decisões, porque vamos perder mais do que ganhar. E quando escolhemos liderar, abrimos mão do conforto de não liderar. Uma coisa importantíssima, básica mesmo, que temos que saber é que, ao liderarmos um grupo de pessoas, o nosso grau de responsabilidade será multiplicado pelo número de pessoas que estaremos liderando. E, se não estivermos em condições de assumir essa responsabilidade pelos outros, não estaremos desenvolvendo o poder.

Cortella – E você pode olhar a responsabilidade como um encargo ou como patrimônio, como fardo ou como herança.

Mussak – Talvez aí esteja a diferença entre a qualidade de ser líder ou não: na forma como enxergamos a responsabilidade. Há pessoas que não querem assumi-la.

Cortella – Se eu encaro a responsabilidade como fardo, vou sofrer e vou ter dificuldade; aliás, vou querer me livrar daquilo como se deseja livrar de um fardo: "Pai, afasta de mim esse cálice".[7] Mas, se eu encarar a responsabilidade como patrimônio, portanto, como algo de que me aproprio para fazer o melhor possível com o outro, dou uma dimensão diferente à minha atividade. Todas as vezes que eu colocar a

---

7. Palavras proferidas por Jesus no monte das Oliveiras (Lucas 22,42).

minha atividade de gestor, de líder, como algo que me penaliza, evidentemente quero me safar.

Mussak – Isso me lembra a visão que Erich **Fromm** tinha de liberdade. Ele falava que há dois tipos de liberdade: liberdade de e liberdade para. E muita gente confunde as duas porque, em geral, relaciona liberdade com "liberdade de": não quero estar preso a nada, não quero assumir essa responsabilidade, não quero cuidar de pessoas; quero ser livre. O que a pessoa esquece é que ela ganha mais liberdade para construir o futuro justamente quando se liga a um grupo de pessoas. Então ela terá mais sucesso para construir o futuro em grupo do que se o fizer sozinha.

Cortella – Quando li Erich Fromm, exatamente *Medo à liberdade*, lembro que uma das discussões que me despertavam desejos de liberdade era ser outro jovem que naqueles anos 1970 queria sair de casa. Ele queria ser livre de, mas não conseguia ser livre para. Porque, ao sair de casa para ser livre do jugo da família, livre do constrangimento, livre da autoridade materna ou paterna, não conseguia ser *livre para*, na medida em que não tinha dinheiro para fazê-lo, na medida em que tinha que cozinhar e lavar a própria roupa. E é claro que é muito gostoso, vez ou outra, não ter responsabilidade. Ser a-responsável é muito gostoso.

Mussak – Diferente de ser irresponsável.

Cortella – Sim, claro. Ser a-responsável é uma delícia quando, por exemplo, minha mulher me pergunta: "Onde a gente vai almoçar hoje?". É tão bom poder responder: "Você que sabe". Inclusive porque, quando digo isso, é ela que fica com o ônus se algo não der certo: se houver fila na porta, se não for muito boa a comida naquele dia, se o almoço custar muito caro. Então é claro que ser a-responsável é delicioso. Por que afirmo isso? Bem, essa é uma delícia muito momentânea, porque não oferece o prazer da escolha. Tanto que gostamos, vez ou outra, de dizer: "Feche os olhos, vou levar você para um lugar que você nunca viu"; ou: "Vou lhe fazer uma surpresa". O que é a surpresa se não a capacidade de oferecer ao outro algo que ele ainda não tem e que vai deixá-lo, espera-se, emocionado? Por outro lado, a surpresa é uma forma de poder. E é uma forma de responsabilidade, porque o outro pode não gostar. Aquela velha tradição de fingir que não vai fazer festa alguma para o outro e surpreendê-lo com uma comemoração é uma coisa boa. Mas pode ser que ele, depois de ter dito várias vezes "não quero festa", estivesse mesmo querendo que a data passasse em branco e a surpresa...

Mussak – Talvez ele não a quisesse mesmo.

Cortella – Ele não a queria mesmo. Portanto a surpresa pode ser negativa.

Por que estou fazendo essa digressão? Porque não tenho dúvida de que a liderança é a capacidade de assumir a responsabilidade não como encargo, mas como patrimônio de vida – e patrimônio de vida coletiva. Ou seja, quando assumo o patrimônio, estou cuidando de algo que é propriedade. E essa propriedade não é só minha, a responsabilidade não é individual. Ela é exercida pelo indivíduo, mas seu mandato não é individual. A responsabilidade é sempre de um grupo, de uma comunidade. E eu sou a pessoa que, naquele momento, ficou responsável por aquilo. Afinal, a pergunta é: "Quem é o responsável?". E a gente se anuncia: "Sou eu o responsável". Mas é claro que a responsabilidade é sempre daquele que está no cargo. Os americanos gostam muito da ideia do *charge*.

Mussak – Sim, quando eles querem saber quem é o líder, perguntam: "Who's in charge?".

Cortella – Quem está no comando?

Mussak – É esse que vai ter que responder pelas ações coletivas, pelas ações de todos.

Cortella – Sim, é por isso que não constitui fardo. Se for fardo, a pessoa não pode ser líder. Aliás, até pode, mas não deve. E, no máximo, vai ser líder como cargo, mas não como função.

Mussak – Exatamente. A maior acusação que fizemos ao presidente Lula na época do Mensalão não se deveu nem sequer o fato de que o Mensalão tinha acontecido, mas ao fato de que o presidente alegou que não sabia. A partir desse momento, ele passa a perder a sua autoridade de liderar porque não responde pelos atos daqueles que conduziu ao poder.

Cortella – Isso não alterou a apreciação da população.

Mussak – Ok, mas isso é outra história...

Mussak – Para entender porque alguns líderes são mais populares, até amados por seus liderados, é preciso entender como ele equilibra a razão com a emoção. Você já se referiu ao fato de que o exercício da liderança é um exercício absolutamente erótico na medida em que o erotismo remete ao prazer e à construção de vida, à criação de uma nova vida. Concordo com você. Quero lembrar aqui, no campo da mitologia grega, o livro *O nascimento da tragédia*, de Friedrich **Nietzsche**, em que ele insiste que nós temos divindades dentro de nós e se refere especialmente a duas: a Apolo e a Dionísio. Esses dois deuses gregos são diametralmente opostos, entretanto são também inteiramente complementares.

O pensamento apolíneo é o pensamento da lógica, da razão, do intelecto. Se trouxermos isso para dentro de uma organização, Apolo vai ser o deus dos métodos, dos gráficos, dos índices, dos controles. Enfim, tenho a sensação de que Apolo mora, por exemplo, no departamento financeiro de uma organização.

O deus Dionísio é o deus do teatro, da festa, do vinho, mais conhecido, neste último caso, como Baco, que é o nome latino de Dionísio. Em uma organização, Dionísio seria responsável pelo pensamento da paixão, pelo êxtase, pela motivação e até por fatos que hoje são muito caros às organizações, como, por exemplo, a criatividade e a inovação.

Na minha percepção, o líder precisa estar armado tanto da força apolínea quanto da força dionisíaca. Porque Dionísio tem o poder de mobilizar, de inspirar, de contagiar, de motivar as pessoas, qualidade que Apolo não tem. Mas Apolo, por sua vez, tem a capacidade de manter as pessoas mobilizadas na medida em que, nessa mobilização, elas percebem a lógica e a definição de um objetivo a ser atingido. Portanto, precisamos de ambos.

Cortella – Temos de ser ambos.

Mussak – Exatamente, temos de ser ambos. Talvez um dos melhores exemplos disso esteja no livro *Dona Flor e seus dois maridos*, de Jorge Amado, em que a personagem Flor só fica realmente feliz quando passa a ter dois maridos: um absolutamente apolíneo, que é o Teodoro, e o outro essencialmente dionisíaco, que é o Vadinho.

Cortella – Se eu e você não conseguirmos ser aquilo que é Apolo – razão – e aquilo que é Dionísio – emoção –, não conseguiremos existir. Porque Apolo é a capacidade, como você lembrou, do planejamento, da organização, da estruturação; Dionísio é a festa, o reconhecimento, a capacidade de fruir, de gozar, de brincar. O filho de Baco foi Luso, aquele que chegou exatamente àquela região da

Península Ibérica e gerou um povo. Na verdade, nosso grande medo é o de não conseguirmos, um dia, *refocilar*, um verbo delicioso que Camões coloca na sua obra, *Os lusíadas*. Num dos livros que escrevi, fiz um estudo inteiro sobre *refocilar*, que parece um verbo pornográfico: "Você refocilou o bastante...", mas significa "descansar".

Mussak – Que foi o que ele fez na volta, na ilha dos Amores. Foi Vênus quem lhe permitiu isso como recompensa por sua conquista.

Cortella – E não por acaso a ilha dos Amores! E aí volto: Luso, filho de Baco, é quem vai inspirar essa ideia. É a capacidade de sermos dionisíacos.

Algumas das empresas confundem seriedade com "cara amarrada", com tristeza. Um líder sabe que seriedade não é sinônimo de tristeza, pois tristeza é sinônimo de problema. Seriedade não tem como contraponto alegria. O contrário de seriedade não é alegria, mas descompromisso. O líder comprometido é aquele que traz a alegria para o mundo do trabalho, sem que essa alegria se transforme em descompromisso, em frouxidão daquilo que precisa ser feito. Uma das nossas faces situa-se no nível reptiliano, onde mora Dionísio.

Mussak – Sem dúvida. Eu diria que ele mora também no nível límbico, o reduto das emoções.

Cortella – Ele faz excursões ao límbico.

Mussak – Sim, mas sua residência fixa é no reptiliano. Porque o reptiliano requer três coisas: que você coma, descanse e faça sexo – e isso é Dionísio.

Cortella – Exatamente. E aí acho que é especial essa ideia do líder que mescla os pendores de Dionísio e os de Apolo. Mas penso que Afrodite também tem que vir à cena, porque, afinal de contas, esses dois deuses são muito masculinos. É a ideia de que Dionísio é aquele que, no nível reptiliano, vai dominar (por meio do sexo), mas Afrodite é aquela que se oferece. Existe, portanto, um componente feminino na capacidade de liderar – que, aliás, não é exclusivo das mulheres, elas apenas têm um feminino mais adensado –, mas esse componente é uma atitude perante a vida, é a capacidade de doação e de envolvimento; é a ideia do amplexo: no envolvimento, o líder se doa e abraça.

Não conheço a origem disso, talvez seja da nossa evolução biológica em que a mulher, por ser capaz de gerar, é capaz também de gerir. E nós, homens, por exemplo, em relação aos descendentes, temos uma relação muito de externalidade. Você e eu, que somos pais, sabemos que conhecemos de fato o nosso filho – exceto pelo ultrassom – quando ele nasce. Ele ganha substância no nascimento. Antes de vir à luz, nossa relação com ele é por meio de "chute" de dentro para fora – que, em alguns casos, dura toda a vida. Acho que essa é uma percepção que tem que trazer o feminino. Então, se eu quiser fazer algum acréscimo à sua relação de deuses, incluirei a Afrodite. Assim, não se trata só daquilo que às vezes se fala do equilíbrio entre Hermes e Atena, ou seja, a sabedoria, a capacidade de cuidado e interpretação, mas de formar uma trilogia de deuses – Apolo, Dionísio e Afrodite – cujas características deverão estar presentes no líder.

Mussak – Perfeito, porque aí nós teríamos, inclusive, a possibilidade de gerar, coisa que Apolo e Dionísio sozinhos não conseguem.

Acho que Afrodite está contemplando esta cena: o embate entre um líder apolíneo e um líder dionisíaco. Tenho a sensação de que a vitória pende para Dionísio.

Cortella – Dionísio terá mais seguidores.

Mussak – Sem dúvida, só não sei se conseguirá mantê-los, mas certamente conseguirá conquistá-los. Por exemplo, Dionísio ganha eleições para cargos eletivos mais facilmente do que Apolo. Vimos recentemente um candidato eminentemente dionisíaco contra um candidato que é o estereótipo de Apolo nas eleições para presidente da República. E o nosso Apolo não conseguiu contagiar ninguém com suas ideias. Dionísio sim. Isso talvez revele um dos motivos por que nosso presidente tem tanta popularidade: porque ele é dionisíaco. Entretanto, queria ressaltar que ele é o presidente da República, portanto pode se dar a um luxo, ao qual nem todos os líderes podem, que é o de formar uma equipe que lhe dê suporte. E, se você examinar bem, a equipe de nosso presidente dionisíaco é essencialmente apolínea. Os que eram dionisíacos foram eliminados um a um. Ficaram apenas os que respondem pela lógica do governo: o presidente do Banco Central, o ministro da Fazenda, a atual ministra da Casa Civil. Pretende-se que esta última seja candidata a presidente da República, mas falta-lhe um elemento fundamental que é o lado dionisíaco. Ela não chega a ser sequer uma Afrodite.

Mas sem dúvida essa é uma boa estrutura para a liderança, pois há um líder principal, dionisíaco, apoiado por um segundo escalão, apolíneo, porque é este que vai fazer as coisas andarem, vai fazer as coisas funcionarem.

Cortella – Por isso há uma frase clássica, que eu, quando secretário, nunca esqueci: "Se você tem assessores mais competentes do que você, você é mais competente do que eles". E a competência que falta ao dionisíaco, vai ser encontrada, de fato...

Mussak – ... em sua equipe de Apolos.

Cortella – Representados pelos técnicos...

Mussak – Isso, pelos técnicos.

Cortella – O dionisíaco é intuitivo, é alguém que tem desejo de futuro, mas, vez ou outra, o dionisíaco enlouquece, portanto...

Mussak – Vemos isso todos os dias na televisão...

Cortella – É bom não deixar que ele fale muito...

Mussak – É bom não deixar falar fora do *script*.

Cortella – Pois Dionísio às vezes se perde porque, como Baco, ele fica ébrio. O poder inebria, a força embriaga. E Apolo tenta não se embriagar. Tanto que nas narrativas dos deuses, quando se quer convencer Apolo a fazer algo, procura-se embriagá-lo. Os deuses lhe oferecem o néctar e aí ele se embriaga. Claro, o líder não pode se embriagar, não pode ouvir o canto das sereias... Ele pode ouvi-lo, mas não pode se deixar seduzir pelo canto. Talvez, como Ulisses, ele precise, vez ou outra, tapar o ouvido com cera...

Mussak – Para não ouvir o canto da sereia.

Cortella – Claro. O líder não é aquele que finge que a realidade não está às portas, ele não brinca de Poliana. O líder é aquele que enfrenta as ameaças, as estruturas, as condições, que é capaz de juntar, de agregar, aquele que tem consciência daquilo que constitui, talvez, o maior poder e que você já indicou: a ideia de equipe, a percepção de equipe.

Mussak – Ortega y Gasset disse que: "O homem é o homem e sua circunstância". Pegando carona nessa ideia, poderíamos dizer que: "O líder é o líder, sua equipe e o destino comum a todos".

Mussak – O que é o líder solitário? É o líder inexistente. Por definição, o líder solitário é uma impossibilidade.

Cortella – Se alguém afirma: "Eu sou um líder", eu lhe peço: "Ótimo! Mostre-me, então, seus liderados" – só aí vamos ver se ele é um líder ou não.

Mussak – Isso é tão impossível quanto um conclave de papas – por motivo oposto.

Cortella – Exatamente. É por isso que as religiões monoteístas são belicistas. O fato de terem a exclusividade da Presença leva-as à busca de anulação do outro. Assim, não são meros fatos casuais as explosões ocasionais de conflito entre Índia e Paquistão em razão da possibilidade belicista que aparece nessa percepção.

Um aspecto importante é que o líder não se confunde com o chefe, como já lembramos. Barbara Tuchman, historiadora norte-americana já falecida, escreveu um livro chamado *A marcha da insensatez*. É um clássico delicioso. Ela percorre a história humana em sua marcha de insensatez mostrando que, em vários momentos, os chefes – que alguns até chamariam de líderes na história – fizeram exatamente o contrário do que deveriam ter feito. Começa seu relato com a Guerra de Troia, que é fictícia, e chega até a Guerra do Vietnã. Ela vai demonstrando a atitude insensata que predominou desde a Guerra de Troia – que os troianos perderam por tolice – até o papado da Renascença – em que houve uma destruição do poder da Igreja pela ganância, pela corrupção – e até quando Lyndon **Johnson** toma a tola decisão de ocupar o lugar da França no combate do Vietnã e faz a ofensiva de 1966 que será, de fato, um desastre na organização da guerra. Por isso, "a marcha da insensatez".

Quando falamos sobre insensatez, o que desejamos acentuar é que o líder precisa construir sensatez. E ser sensato significa procurar uma inteligência máxima. Significa, entre outras coisas, aprender muito com Apolo. Mas a sensatez não pode ser obsessão, não pode ser ausência de comemoração, de festa, de alegria. Afinal de contas, segue-se com muito mais facilidade um bloco de carnaval do que uma procissão. Aliás, essa é uma das coisas que vão fazer com que o líder seja capaz de inspirar. Desde o bloco carnavalesco até a procissão, seguir implica admirar, ter uma ligação. E daí decorre uma palavra que ainda não usamos, mas acho necessária, pois ela caracteriza uma outra qualidade do líder: é ser capaz de simpatia. O simpático é aquele que cria uma relação que nos afeta. A própria ideia do *pathos* como o que apaixona, o que afeta e que evita a doença. O simpático é aquele que cria uma ligação entre nós. A relação do líder com os liderados tem que ser uma relação simpática.

Mussak – E a simpatia é uma qualidade dionisíaca. Nós ressaltamos que o presidente da República ou o presidente de uma empresa, enfim, pode ter uma atitude dionisíaca e criar para si uma equipe apolínea que lhe dê suporte. Entretanto, muitas pessoas estão apenas começando a construir as suas carreiras e as suas qualidades de liderança. É importante que elas saibam, principalmente as mais jovens, que nem todos teremos condição de, num curto espaço de tempo, criar uma equipe que nos dê suporte, e acabamos tendo que cumprir as duas missões, sendo apolíneos ou dionisíacos de acordo com o momento, com a necessidade. Isso me remete também ao estudo do *grid* gerencial, que deriva de um estudo feito por dois autores da Universidade de Michigan, Robert Blake e Jane Mouton, em que eles dizem o seguinte: "Líderes são indivíduos que necessariamente têm dois focos". Hoje insistimos muito que temos que ser focados naquilo que fazemos, porque, se não formos focados, iremos desperdiçar energia. E o líder tem sempre dois focos: "Um foco é o resultado que ele deseja atingir e o outro são as pessoas que vão ajudá-lo a atingir aquele resultado. Dessa forma, nós criamos uma matriz em que temos dois extremos e conseguimos construir quatro quadrantes". Tente visualizar esse gráfico. Blake e Mouton criaram um teste que qualquer pessoa pode acessar e fazer na internet; assim ele ficará sabendo se a sua tendência é para ser um líder mais focado em resultados – e, no caso, ele seria um líder mais apolíneo – ou se ele é mais focado em pessoas – e, então, seria um líder mais dionisíaco. E, ao perceber-se, a pessoa poderia fazer a devida correção de rumo. O ideal é que ela não esteja no quadrante inferior direito, sendo totalmente focada no resultado, totalmente apolínea; ou que se situe no quadrante superior esquerdo, sendo, portanto, um líder que pode apaixonar as pessoas, que mantém o amor delas, mas que poderá perder o respeito porque esquece do resultado. As pessoas desejam um líder que as conduza a um resultado. Então, o ideal seria o quadrante superior direito, onde encontramos aquele líder que é mais completo: é apolíneo, autoritário, duro, quando a situação exige, por exemplo, em momentos de crise; mas também sabe ser simpático, praticar empatia, colocar-se no lugar do seu liderado, cuidar dele como pessoa, interessar-se por seu lado pessoal, procurar ver se ele está capacitado, se precisa de alguma coisa, se tem algum desejo ou alguma necessidade. Quando o líder tem condições de viajar dentro desse esquema, ele é um líder completo. É o que eu chamo de líder-educador, como nós... O educador é um profissional que não consegue separar resultados de pessoas. Porque o resultado que desejamos é o desenvolvimento das pessoas.

Qualquer outro líder em qualquer área de atividade que também não separe resultado de pessoas pode ser comparado com um educador. Perceba a sutileza desse conceito.

Cortella – E a educação é uma atividade cuja meta principal deveria ser a formação de lideranças não apenas por meio da organização de um curso de liderança, mas estabelecendo-a como objetivo central do currículo escolar e, portanto, da escola como um todo. Assim as pessoas poderão ser capacitadas a coletivamente atuar, inspirar, ter responsabilidade, adquirir competência e, ainda mais, ter compromisso com o coletivo. Acho que isso contribui para a exclusão do egoísmo no cotidiano e para a substituição de algo que considero um apodrecimento ético que é a supervalorização da ideia do "cada um por si e Deus por todos". O líder é alguém que não acredita nisso. Ao contrário, acho que ele acredita no "um por todos e todos por um" que, embora seja um lema clássico dentro da máxima latina na história, o *ex pluribus unum* mencionado inclusive por santo Agostinho nas suas *Confissões*, lema de vários escudos desde os romanos, na prática significa uma forma de compreensão da vida: vida como cooperação e não como competição. Essa vida como cooperação traz à liderança a tarefa de cooperar e, portanto, exige humildade. O líder sem humildade, que se acha insubstituível, que se acha completo de fato e terminado... – você lembra que a palavra *perfeito*, em latim, significa "feito por inteiro", "feito por completo" –, esse líder deixa de ter capacidade de liderar. Só é bom ensinante quem for bom aprendente.

Mussak – Quando você fala "um por todos, todos por um", evidentemente me recordo de Alexandre **Dumas**, que escreve algumas peças épicas entre as quais me lembro de duas: *Os três mosqueteiros*, e este é o lema dos mosqueteiros: "um por todos e todos por um"; e *O conde de Monte Cristo*, em que, ao contrário da anterior, um indivíduo absolutamente sozinho busca a sua vingança. No momento em que lemos *Os três mosqueteiros*, apesar da infâmia do rei, do Richelieu e de tudo o mais, em todo o romance sentimos alegria, elevação da alma. O outro, ao contrário, é um livro soturno, que nos coloca para baixo, porque é a história de um homem que luta sozinho para obter a sua vingança. Apesar disso, se observarmos com um pouco mais de atenção, vamos ver que ele obteve sua vingança, mas não foi sozinho. Ele foi ajudado pelo companheiro de cela, um abade, que, depois de instruí-lo e indicar-lhe o mapa de um tesouro, acaba por morrer; o herói, então, coloca-se no lugar do cadáver e consegue fugir do presídio, podendo, posteriormente, encontrar o tesouro e realizar sua vingança.

Cortella – Por isso você agrega uma outra virtude ao perfil do líder que, em vez de ser invejoso, é capaz de admirar.

Há uma diferença entre admiração e inveja. Por exemplo, várias vezes assisto a outros conferencistas – você é um deles – e sinto admiração. Mas, se eu perceber em mim algum sentimento de inveja, é sinal de que começo a depreciar a sua condição e passo a procurar o que você tem de defeito em vez de observar aquilo que contribui para que eu melhore. A inveja, tal como a raiva – a frase é antiga –, é um veneno que se toma querendo que o outro passe mal. O ódio é isso, o veneno que se toma querendo que o outro morra.

Acho muito oportuna a sua colocação sobre *O conde de Monte Cristo*, o que me faz lembrar de outra obra da literatura clássica, do século XIX no caso, que é *Vinte mil léguas submarinas*...

Mussak – De Júlio **Verne**.

Cortella – ... em que o capitão quer viver num mundo à parte.

Mussak – O Nemo.

Cortella – *Nemo*, em latim, é “ninguém”. E, ao ser perguntado, ele se identifica como o capitão Ninguém. É curioso porque, no final do século XX, se fez uma historinha para crianças chamada *Nemo*, que era uma brincadeira resultante do *Vinte mil léguas*, mas na prática as pessoas não relacionaram esse nome com o do capitão do Nautilus...

Mussak – ... que é o submarino.

Cortella – Levado pelo desejo de vingar-se da humanidade, o capitão criou um mundo à parte, em que ele era despótico. Você deve se lembrar do livro, das descrições feitas por Júlio Verne, e do despotismo muito forte por parte do capitão Nemo. Essa ideia de se retirar para longe das pessoas não permite que se alcance a condição de admirado. Aliás, ele não era admirado, mas temido.

Mussak – Você levantou uma questão extremamente importante, Cortella. Há pouco falávamos sobre poder. Eu queria fazer um contraponto entre o poder do líder e a sua autoridade. Porque o poder, a rigor, não pertence ao líder, mas ao cargo que ele ocupa. Já a autoridade é dele, ele tem a autoridade moral, a autoridade ética, a autoridade funcional. E é por meio dessa autoridade que ele alcançou o poder. Um líder poderá exercer a sua liderança baseado no poder ou na autoridade. Se ele a exercer baseado no poder, será obedecido porque as pessoas têm medo; mas, se ele a exercer baseado na sua autoridade, obterá resultado porque as pessoas terão respeito por ele.

Cortella – Sim, ele será seguido.

Mussak – Ele será seguido, será admirado. Você expõe com extrema propriedade a questão da admiração, que o líder é alguém capaz de gerar admiração. Os outros o admiram. E você também considera que uma das funções da educação é formar líderes. Eu diria que a função de qualquer líder é formar outros líderes, porque, se sou um líder admirado por meus seguidores, estes querem ser, pelo menos, parecidos comigo. Portanto querem ser líderes também. Essa seria uma grande função de qualquer líder em qualquer organização. Imediatamente após assumir a função, começar a formar outros para ficarem em seu lugar. Ele não pode se apegar ao cargo, ao poder. Ele tem que se apegar à sua autoridade.

Cortella – Concordo com você.

Cortella – Muitas vezes a escola produz um equívoco. Com o objetivo de inspirar os alunos, trabalha o exemplo. O problema é que o referido exemplo se aproxima da impossibilidade. Por exemplo, escrever bem é escrever como Machado de Assis; ou falar bem é falar como falava Cícero. Temos que lembrar que Machado de Assis escrevia bem porque escrevia como ele mesmo, assim como Cícero falava bem porque falava como ele mesmo. O exemplo que constrange, que amarra, que indica a obrigatoriedade de seguir um padrão ou modelo, é um exemplo autocrático. É claro que preciso me inspirar em Machado de Assis, mas fazer, inclusive, uma das coisas que ele fez, que é ser capaz de colocar minha emoção – emoção que, na literatura, foi construída por ele a partir dos seus estudos, das suas leituras, do seu preparo. Ele não foi alguém que escrevia bem por natureza, mas alguém que foi capaz de fazê-lo porque se preparou para isso.

Na escola, vamos deparar, muitas vezes, com a falta desse componente que é a admiração, base de qualquer relação que quer ser bem-sucedida. Se o aluno não for despertado para um determinado assunto, se não tiver interesse... se não gostar do professor ou se não admirá-lo...

Mussak – E eu diria que essa questão da admiração que o professor perdeu, infelizmente, é uma questão conjuntural, mas começa pela própria autoapreciação do professor. Quer dizer, a autoestima do professor está tão baixa que ele mesmo não se admira nem admira o próprio trabalho. Dessa forma, como ele pode angariar a admiração do outro? E, concordo com o que você já afirmou, a admiração é a base de qualquer relação bem-sucedida, seja entre professor e aluno, entre marido e mulher, seja entre chefe e funcionário, entre empresa e cliente. Tem que haver uma relação de admiração. Ocorre que admiração não é algo que possa ser pedido, muito menos exigido, só pode ser conquistado. É uma conquista diária, porque leva-se muito tempo para conquistar a admiração de alguém, mas basta muito pouco tempo para perdê-la. Infelizmente é assim. E a admiração, no meu ponto de vista, é um dos três componentes fundamentais que formam a base das relações na liderança; os outros dois são o respeito e a confiança. Esse é o tripé. E são três coisas que, realmente, só podem ser conquistadas, pois nunca se vai conseguir impor respeito ou confiança. Como vou impor que alguém confie em mim? Isso é impossível. Então surge a questão da formação de líderes na escola... O que você propõe, Cortella?

Cortella – Antes de mais nada, na escola é necessário tornar o currículo escolar significativo, de maneira que haja uma erotização do conhecimento. Quando o conhecimento não é objeto de desejo, não consegue encantar. Por exemplo, por que sustentabilidade não é algo que encante parte dos jovens? Porque não é erótico. Embora o mundo empresarial consiga erotizar uma calça e vendê-la, erotizar um tênis e vendê-lo, a gente ainda não conseguiu erotizar a ideia da sustentabilidade. Porém, quando passo para o campo do desejo, aí ela ganha...

Mussak – O desejo dá significação para o objeto. Isso é semiótica. É de Bob **Gowin** uma frase brilhante aplicada ao mundo da educação. Ele dizia assim: "Educação é um acontecimento social em que alguém, chamado professor, compartilha significados com alguém, chamado aluno". É uma frase maravilhosa porque não diz em nenhum momento que o professor compartilha saberes, mas sim que compartilha significados. Com relação à liderança, e isso em todos os campos, seja o da educação, seja o da política, seja o empresarial, líder é aquele que é capaz de compartilhar significados. O objeto vai atrás...

Cortella – E quando o professor não vê sentido no que faz – emprego aqui a palavra *sentido* em dupla acepção, como significado e como direção –, quando ele perde vitalidade, quando entra na síndrome de *burnout*, no esgotamento de sua condição, quando já sai de casa pré-cansado e quando desiste daquilo, não há como encantar.

Hugo Assmann, grande educador, falecido em 2008, escreveu um livro chamado *Reencantar a educação*. Reencantar. Existe a necessidade de encantamento. Por exemplo, quando criança, eu assistia às aulas encantado com um ou outro professor, com a sua capacidade de falar, de mostrar, de declamar. Nunca me esqueço de um brilhante professor do Colégio Santa Cruz na cidade de São Paulo, grande intelectual, professor da PUC-SP também, que é o professor Flávio Di Giorgio. Aliás, quando o colégio fez 50 anos, foi gravada e editada uma série de CDs com suas declamações. Ele encantava e encanta ainda.

Encantar é a capacidade de fazer com que o outro não queira sair de perto. Uma pessoa encantadora enfeitiça o outro. Líder é aquele que encanta, não o que desencanta, não o que tira a magia. O líder sabe que magia é construção – por isso Dionísio de novo. A magia é importante, pois seduz. Vários truques utilizados pelos professores de cursinho, independentemente da finalidade última, servem exatamente para causar o encantamento.

Mussak – Sem dúvida. Eu me lembro de um colégio em que trabalhei há muitos anos... Era um curso noturno, e eu estava dando aula de biologia. De repente, apagou-se a luz. Houve uma interrupção de energia na região e ficamos sem iluminação. Evidentemente, diante da impossibilidade de dar sequência às aulas, os professores começaram a liberar os alunos. Todos os professores interromperam as suas atividades, menos um, o professor de literatura, que ocupou aquele espaço para declamar poesias. E ele ficou encantando aqueles alunos. Ninguém se mexeu, ninguém saiu da sala, não houve o menor indício de arruaça até que a luz voltou. Ele permaneceu mais de uma hora declamando poemas para os alunos, encantando-os. A isso dou o nome de liderança.

Cortella – Você pode encantar pela matemática, por exemplo. Essa é a mais humana das ciências porque é invenção pura, poesia pura. Nada do que trata a matemática tem existência real. Não existe um triângulo, não existe uma derivada, nada disso tem existência real. Desse ponto de vista, o triângulo, o retângulo são poesia humana. Se descobrirmos o encantamento que a matemática pode produzir, vamos ajudar o aluno a encará-la como poesia; caberia a nós, professores, apresentar essa sua faceta. Atualmente o jovem adora aquele joguinho de desafio de raciocínio, o sudoku, que agora se destina também para crianças. Quando não se coloca a matemática como desafio – e, portanto, como beleza poética –, não se consegue de fato fazê-lo. Daí eu volto à expressão: o professor de história, que encante antes de ensinar; o professor de literatura, o professor de língua inglesa... que promovam o encantamento por meio de suas disciplinas. Já imaginou uma coisa mais óbvia do que iniciar a aula de inglês com uma música que esteja no cotidiano? Como ela já é objeto da atenção do grupo, não é necessário grande esforço para atrair o interesse do aluno. Ensinar – ensignar, colocar um "signal" – significa deixar uma marca, deixar gravado algo em alguém. Por isso, quando você "ensigna", você marca: se marcar sem encantar, você acaba ferindo; se marcar encantando, você anima. O que vai ficar? O que iremos deixar marcado na pessoa? Líder é aquele que "ensigna" e que é "ensignado", que marca e que é marcado. Portanto, aquilo que se usa muito no mundo corporativo: deixe a sua impressão, deixe a sua digital.

Mussak – Você me lembrou do filme *Sociedade dos poetas mortos*,[8] ao qual, aliás, você e o Yves se referem no livro *Nos labirintos da moral*. Se não me engano é o Yves que diz...

Cortella – Sim, que é contra a ideia do *carpe diem*.

Mussak – Exato. Mas quero me lembrar de outra cena desse filme, quando o professor diz a seus alunos: "Sabe por que nós fazemos engenharia? Medicina? Ciência? Para viver mais. Viver mais para quê? Para que possamos ter mais tempo para usufruir da poesia, da música e do amor". Acho que foi Bertrand **Russell** que disse algo como: "Pois é, fui obrigado a me dedicar à guerra e à política para que meus filhos pudessem se dedicar à agricultura, à medicina, à química,

8. Filme lançado em 1989 nos Estados Unidos, dirigido por Peter Weir, com roteiro de Tom Schulman, estrelado por Robin Williams e Ethan Hawke.

para que os filhos deles pudessem se dedicar à poesia, à música, à alegria".

Cortella – Quem dera, esse é um belíssimo sonho! Eu queria ser liderado por alguém que pensa fora do seu tempo.

Manoel de Barros, grande poeta do Mato Grosso, disse que "poesia é voar fora da asa".[9] Acho que o líder é alguém capaz de voar fora do tempo. Nós falamos muito de mitologia... Zeus só consegue liderar o Olimpo quando ele vence Cronos, porque Cronos devorava os seus filhos.

Mussak – E ele era filho de Cronos, só que não sabia disso.

Cortella – Quando ele ataca e elimina o pai – sem que Freud soubesse disso –, há ali a dominação de Cronos por Zeus. Ele só ganha força e poder quando consegue dominar o tempo, domar o tempo.

Mussak – E não lutar contra o tempo... Ele não pode matar o tempo, porque, se o tivesse matado, ficaria aprisionado no instante: viveria só no instante, não teria mais futuro nem memória e se tornaria uma pessoa totalmente sem poder. Ele ganhou poder a partir do momento em que dominou o tempo. Tanto é que depois que ele vence Cronos – e Cronos

---

9. Em: *O livro das ignorãças*. Rio de Janeiro: Record, 1997.

é representado, nos livros de mitologia, como um gigante que come os próprios filhos, come uma criança...

Cortella – Devora...

Mussak – Mas há uma segunda imagem de Cronos, adquirida depois de ter sido vencido por Zeus, quando este lhe corta os tendões, amarrando a sua cabeça nos pés, formando um círculo. A partir de então, ele passa a ser também o deus das ações repetitivas, como o dia e a noite.

Cortella – Do eterno retorno...

Mussak – Do eterno retorno, ideia que Nietzsche depois retoma, evocando as estações do ano, a vida e a morte e assim por diante. Essa é uma ideia interessante para a liderança: você se torna poderoso a partir do momento em que você controla o tempo, seja o seu próprio tempo, seja o tempo daqueles que são liderados por você.

Cortella – E controlar é diferente de gastar, desperdiçar.

Mussak – O bom é usufruir dele, quer dizer, usar o tempo a seu favor e não contra você.

Cortella – Uma das coisas mais tristes para um professor, você sabe disso, é quando ele recomenda que os alunos leiam um texto e aí, numa próxima aula, logo no início, os alunos se põem a perguntar: "Professor, você não vai começar a discutir aquele texto? Vai fazer prova sobre ele?". "Não, era só para o seu aproveitamento", respondo. "Mas, professor, eu perdi a tarde inteira lendo o texto!"

É a noção de perda em vez da noção de uso. Quer dizer, o líder é aquele que trabalha a ideia de uso do tempo, não de perda de tempo. Perder tempo não é gastá-lo, é usá-lo. E, nessa direção, acho que o cronograma tem que se submeter àquilo que é o projeto, não o contrário. Muitos que ocupam o cargo de chefia submetem o projeto ao cronograma. Mas tem que ser o contrário, é Zeus aprisionando Cronos pelos tendões e com a cabeça para baixo para ser humilde. Não é o cronograma que manda, pois ele corresponde apenas à organização do trabalho no tempo, é só um indicador, não é ele o gestor do tempo. E creio que muitas pessoas ainda continuam apavoradas com o Cronos sem imaginar que ele já foi e precisa ser, cada vez mais, colocado ao nosso serviço.

Mussak – Sem dúvida, o tempo tem de estar a nosso serviço, inclusive para contá-lo, porque você sabe muito bem que o cronômetro mede o tempo, o cronograma o organiza e a crônica o relata.

Cortella – É curioso que essa ideia de contar o tempo é medieval, originária dos conventos. Ela aparece nos monastérios em função da necessidade de ocupar o tempo para que o demônio não tivesse presença. Afinal, a ideia é clássica: "Oficina do demônio é a mente vazia"; ou: "Se as mãos estão desocupadas, o demônio entra em ação". Por isso se dividiam as 24 horas em períodos de quatro horas, de forma que se tivesse uma atividade a cada quatro horas. E os monges faziam esse seguimento do horário de tal maneira que não sobrava tempo, porque a ideia era mesmo não permitir que houvesse sobra de tempo.

Creio que o líder é aquele que faz com que haja sobra de tempo, porque o tempo é um bem tão precioso que precisa sobrar. Hoje em dia se fala em ócio criativo, inspirado em Domenico **de Masi**, mas algumas organizações e empresas estão tornando o ócio uma atividade de trabalho. Criam um horário para isso e, portanto, estilhaçam a própria noção de ócio. A ideia de ócio é diferente da ideia de vagabundagem. O preso não tem ócio. O desempregado não tem ócio. Ócio é tempo livre à sua escolha, a capacidade de fruição, de prazer, inclusive de fazer nada como gosto... e de contemplar. A noção de contemplar.

Mussak – Domenico de Masi trabalha 16 horas por dia. É ele mesmo que relata isso. Quanto à sua visão do ócio criativo... ócio, em italiano, tem um sentido diferente do que tem em português. Para nós, evoca o não fazer nada, o desperdiçar o tempo; em italiano significa usar bem o tempo – essa é a diferença. E o que De Masi nos explica é que nós, seres humanos modernos e contemporâneos, temos três necessidades: a primeira é a necessidade de trabalhar, porque do trabalho retiramos o nosso sustento e a nossa dignidade. A segunda é a necessidade de aprender, em função das características da sociedade moderna, que é a sociedade do conhecimento: seremos mais valorizados quanto mais aprendermos. E temos também uma terceira necessidade, intrínseca ao ser humano, que é a diversão, o prazer. Antes, na sociedade industrial, tínhamos lugares diferentes para isso. Havia um local para trabalhar, chamado emprego; outro lugar para aprender, chamado escola; e um terceiro lugar, para ter prazer, que podia ser a praia ou o barzinho ou o campo de futebol.

A proposta de De Masi, que é um sociólogo do trabalho, é juntar essas três qualidades num mesmo lugar. Em que lugar? No ambiente de trabalho, que é onde passamos mais tempo da nossa vida adulta. Por isso o cérebro – agora voltando para o cérebro humano – se sente melhor e fica mais produtivo quando percebe que está trabalhando, elaborando, produzindo alguma coisa; quando percebe que está aprendendo; quando sente prazer. Imagine como ele funcionará se tiver essas três sensações ao mesmo tempo. Por exemplo, Cortella, o que estamos fazendo aqui neste momento?

Cortella – Ócio.

Mussak – Ócio criativo, porque estamos trabalhando. Estamos trabalhando porque fomos chamados para isso; mas também estamos aprendendo um com o outro; e, espero, estamos tendo um momento de prazer.

Cortella – E esse é o meu sonho, porque ócio, em grego, é *skholé*, de onde veio a palavra *schola*, em latim. Portanto, *skholé* é "tempo livre". É a ideia de você poder e ser capaz, no mundo clássico grego, de se juntar com outros para fruir a ascensão do espírito a um momento mais elevado. Significa a obtenção de prazer no diálogo, a capacidade de encantar com o raciocínio, a capacidade de buscar na natureza aquilo que pode ser uma explicação. Talvez aquilo que o local de trabalho não oferece, quem sabe a escola possa oferecer. Como condição.

Mussak – Pois preste atenção ao que vou lhe dizer: hoje é mais provável que aconteça o contrário. As empresas estão se transformando em escolas. Nós sabemos disso porque trabalhamos em educação corporativa. E, praticando educação corporativa, percebo hoje nitidamente uma diferença de quando dou aula na faculdade ou de quando dava aula em colégio e em cursinho: é que na empresa é mais fácil obter a percepção do significado do que na escola. Porque na escola, o significado principal é a prova... Na empresa é a aplicação daquele conhecimento. Então, acho que estamos meio que derrubando o muro que existe entre lugar para trabalhar e lugar para aprender. Todos os locais onde estamos são locais para trabalhar, para aprender e para obtermos prazer.

Cortella – E o líder é aquele que gosta de aprender e que enxerga no outro o gosto de aprender. É aquela história de você se aproximar de alguém e dizer: "Venha aqui, me conta um negócio, me explica isso aqui, me conta isso, diga como funciona...". Isso provoca admiração. Uma parte da admiração do liderado surge quando ele vê o líder com humildade, buscando ele também conhecimento.

Mussak – Você acaba de levantar, Cortella, uma das qualidades que eu considero mais importantes no líder: a humildade – humildade como oposto de arrogância. A arrogância, contra a qual o Nietzsche inclusive nos alerta, é o inimigo interno que pode vir a matar o líder mais cedo ou mais tarde. E a pior de todas as arrogâncias é a arrogância intelectual, é acreditar que já sabe tudo. Quando examinamos os grandes líderes, os grandes homens sábios – vamos colocar assim –, constatamos que todos eram humildes. Jesus Cristo era sábio e humilde. Sócrates era sábio e extremamente humilde, o que ele demonstra em sua famosa frase: "Tudo o que sei é que nada sei".

Tenho uma alegoria interessante, da qual pessoalmente gosto muito, para essa imagem de Sócrates, porque ele dizia que o conhecimento é um halo luminoso que se forma em torno da minha cabeça. Quanto mais aprendo, mais esse halo cresce. O resto é a escuridão, é a ignorância. Porém, quanto mais eu aprendo, mais esse halo cresce e mais aumenta a superfície de contato com a escuridão. Quanto mais eu sei, mais percebo o quanto ainda não sei. Essa é uma qualidade de liderança, que é a humildade intelectual, esse desejo permanente de aprender, que é também, me perdoe, a qualidade do bom educador...

Cortella – ... como líder.

Mussak – Do educador que é líder – pois nem todo educador é líder, pode ser apenas um professor –, que deseja aprender. Aliás, não sei como é com você, mas, quanto a mim, o momento em que mais aprendo é quando tenho o dever de ensinar.

Cortella – Sem dúvida, porque você tem uma relação dialética mesmo na expressão. E é curioso porque, na Idade Média, os sete pecados capitais não tinham muita presença no cotidiano da religião. Só existia um pecado capital que era a soberba, a ignorância daquele que acha que é superior a tudo, daquele que acha que é superior ao que é de fato. O líder sabe que a soberba é um vício destrutivo.

Mas há um segundo vício que aparece depois da soberba, antes de completar os sete, ao qual chamavam acídia, que pode ser traduzida por preguiça. A preguiça é muito diferente do ócio. O líder não pode ser preguiçoso, porque a preguiça gera um estado de letargia, faz com que se adie o que precisa ser feito e perca o senso de oportunidade, impede que se reconheça a ideia de urgência quando esta se impõe. A preguiça, que constitui na verdade um hábito, deforma a personalidade. O importante é romper com essa lógica. É difícil ter que se levantar de uma cadeira ou de uma poltrona na qual se está deitado. Tomar a decisão de levantar-se e fazer o que tem que ser feito exige uma disposição e um movimento do corpo que fazem com que a preguiça, de fato, precise ser colocada num patamar inferior. O tempo todo, lá no *Macunaíma*, ele diz: "Ai, que preguiça!" – e aí a preguiça se coloca como parte do nosso caráter. Monteiro **Lobato** achou que isso se devia aos vermes. Pode ser giárdia, talvez...

Mussak – Pode ser sim.

Cortella – Mas acho que a preguiça é um vício inaceitável.

Mussak – Eu poderia discorrer um pouco sobre esse tema de dois ou três ângulos, Cortella. Sobre um você já falou quando recorreu à literatura porque, quando Mário de Andrade escreve *Macunaíma*, ele não está se referindo ao povo brasileiro. Ele está se referindo à essência do ser humano. Nós somos preguiçosos sim, e posso explicar isso do ponto de vista da biologia. Mas ainda no campo da filosofia, Nietzsche, em sua obra *Assim falou Zaratustra*, diz que somos uma corda estendida entre o bicho e o super-homem e só atingiremos essa última condição, de *Übermensch*, como ele a chamava, quando vencermos nossos inimigos internos.

Cortella – *Übermensch*, cuja tradução mais adequada seria "além-homem".

Mussak – "Além-homem" ou "homem superior".

Cortella – Exatamente, dado que "super-homem", para nós, carrega um sentido de filme. Mas essa é a ideia mesmo.

Mussak – Já pego esse gancho também. Os inimigos internos que carregamos são os únicos que têm de fato o poder de nos vencer. E, quando somos vencidos por eles, temos chance de ser destruídos também pelos inimigos externos...

Os inimigos internos são, em primeiro lugar, a ignorância, o não saber, o deixar de se interessar, de ser curioso. Em segundo lugar, a indolência, extremamente bem representada em *Macunaíma*, de Mário de Andrade. Em terceiro lugar, é o que há pouco você chamou de soberba e eu chamo de arrogância; é a crença na própria superioridade, em que não se precisa do outro, em que se sabe tudo. E em quarto – já falamos sobre ele aqui também – está o medo, não o medo que é alerta contra o perigo, e sim o medo que paralisa.

Cortella – O pânico.

Mussak – Sim, o pânico. São esses os quatro inimigos que podem de fato nos vencer.

Agora, retomando a ideia do super-homem que voa, que tem olhos com visão de raio X, invenção de dois americanos chamados Shuster e Siegel, que criaram os *comics* do super-homem em 1933... Só para fazer uma relação com a história, 1920-1930 foi a década da Grande Depressão americana. E esses *comics* fizeram um sucesso imenso, porque simbolizavam o que as pessoas estavam esperando: um super-homem, alguém com poderes superiores que viesse de cima e resolvesse os seus problemas. Temos que tomar muito cuidado para não sinalizar que o líder deve assumir esse papel.

Cortella – Que é um papel messiânico.

Mussak – Sim, messiânico e absolutamente irreal. Nesse sentido, prefiro Samuel Beckett com seu *Esperando Godot*, em que o Vladimir e o Estragon ficam semanas e semanas à espera de Godot e Godot não vem. Essa metáfora de Beckett nos remete ao fato de que há muitas pessoas que passam pela vida à espera do Messias, ou à espera do dom Sebastião que foi lutar contra os mouros na África e não voltou a Portugal... até hoje, lá, existe quem o esteja esperando. A função do líder não é absolutamente assumir esse papel.

Cortella – Não, ao contrário. O messiânico é tão forte na ideia do super-homem como *comics*, como quadrinhos, que até os nomes escolhidos (vindo de Krypton) lembram a religião judaica. É o Dar-El, é o Jor-El...

Mussak – Ele inverte...

Cortella – Isso. Porque *El* em hebraico significa "Deus". Tanto que Deus, no começo do texto religioso bíblico, no Gênesis, é representado no plural: é Eloim. Só depois que passa a ser El. Não é por acaso que os nomes hebraicos terminem com *el*: Daniel, Gabriel, Miguel, Joel, Emanuel (que é nome de Jesus de Nazaré). Portanto temos a noção do messiânico. Acho que essa é uma ideia ótima, a ideia de que o líder não é um super-homem, não é aquele que vem para salvar, mas é aquele que vai criar a coletividade e a força do coletivo como uma força superior, sem precisar do salvador.

Mussak – Ele não é a força superior. Ele mobiliza a força superior que existe no grupo.

Cortella – Ele inspira e movimenta.

Mussak – Há uma história que você pode explicar melhor, porque minha cultura de filosofia não chega a esse nível. Mas, como estou na presença de um filósofo, quero aproveitar a oportunidade para expor uma dúvida... Diz-se por aí que a ideia do *Übermensch*, do homem superior, do além-homem que Nietzsche nos trouxe, é algo de que precisamos. E que a ideia desses super-heróis é tão importante que, se eles não existirem, temos que criar alguns. Quando eles existem, devem ser preservados a qualquer custo e devem, inclusive, ser liberados de alguns freios morais: podem ser cruéis, podem ser maus, se isso vier em benefício da causa que é o bem-estar da maioria. Eu gostaria de conhecer sua opinião a respeito da influência das ideias de Nietzsche apresentadas em *Assim falou Zaratustra* (as quais podem ser interpretadas de diferentes maneiras), se elas de fato estimularam a concepção do nazismo.

Cortella – É muito difícil fazer uma conexão direta entre Nietzsche e o nazismo. Aliás, Nietzsche morreu em 1900, portanto, ele pode ter "contaminado" várias teorias da época. As ideias de Nietzsche servem como base, ao menos parcialmente, até mesmo para as teorias da Revolução Russa.

O que ele sugere é a necessidade de uma estrutura forte, um Estado forte. E um Estado forte que representava menos o que ele pensava e mais o que Hegel pensava, ou seja, o espírito absoluto encarnado na história, que, para Hegel, será o Estado e para Nietzsche serão algumas pessoas. Talvez Nietzsche estivesse pensando em **Bismarck**. O que sei é que ele não pensou em Hitler, mas Hitler pensou em Nietzsche. Isso sem dúvida.

Mussak – Há evidências?

Cortella – Não, não há. Hitler era iletrado nesse campo; não há influência direta. O que se nota em sua obra *Mein Kampf* [*Minha luta*] é a presença de ideias que remetem a outros pensadores que estudaram Nietzsche. Isso sim. Mas estabelecer conexão entre Nietzsche e o nazismo é algo muito frágil.

Mussak – Não sei se você se lembra, quando tivemos as primeiras eleições a presidente da República depois de 21 anos de ditadura, o candidato que ganhou as eleições assumia o papel de um super-homem. Ele encarnou isso a tal ponto...

Cortella – Sim, até o gesto de voar...

Mussak – O gesto de voar e o ato de voar, pois ele voava com os aviões da Força Aérea Brasileira (FAB) para cima e para baixo, e voava de *jet-ski*, e voava numa motocicleta... E, digo mais, não sei se você tem essa memória, mas no programa de televisão da campanha do Fernando **Collor**, a música de fundo era a música retirada do filme *Superman*. Ele encarnou a figura do super-homem, mostrou muita coragem, teve persistência, mas perdeu-se na relevância. E perdeu também seu lugar de grande líder na história.

Cortella – Mas Nietzsche nos alerta para uma coisa: cuidado com a consciência por empréstimo. Cuidado para que o líder não seja alguém que traga uma visão, uma consciência, que ele não partilhe de fato e, quando ele se vai, os outros continuam no estado de ignorância em que estavam. A tarefa do líder é elevar as pessoas para que elas atinjam um patamar superior. Há um trecho de *Assim falou Zaratustra* em que Nietzsche diz: "Trouxestes os vossos leões do Pireu até aqui apenas para nos mostrar que o Pireu não é aqui".

Porque muitas vezes você traz os luminares a uma empresa, a uma escola, a uma estrutura, só para mostrar que ali não é o lugar. Você traz um exemplo, o famoso *case*, apenas para mostrar que ali não é aquele lugar.

Mussak – E não pode ser.

Cortella – Por isso ele produz um desconforto ou descompasso. Dado que você está com o Nietzsche em mente e eu com o Hegel, vou empregar o verbo que mais simboliza a tarefa do líder, utilizado, aliás, por Nietzsche: é o famoso *aufheben*. O verbo *aufheben* tem várias traduções possíveis porque ele tem um triplo significado. Na obra de Hegel ele significa "negar", "proteger" e "elevar". Nega, eleva e protege. Acho que a tarefa do líder é negar o que é arcaico, proteger o que é avanço do presente e elevar a condição atual. Acho que isso dá a ideia do líder.

O outro, o mero chefe, é aquele que não consegue negar, proteger e elevar ao mesmo tempo. Ou nega, ou eleva, ou protege. Ele é excludente. Por isso, um brinde a Apolo vestido de Dionísio e a Dionísio travestido de Apolo. Esse é o meu líder predileto... mas que tenha Afrodite pelo meio.

Mussak – Afrodite sempre tem que estar presente. Sei que já estamos encerrando este papo, o que lamento, porque o assunto não está esgotado, mas... Você falou de Hegel, eu falei de Nietzsche... Eu queria chamar um pouco de Kant, a quem, aliás, você também se referiu há pouco. E Kant nos dizia...

Cortella – Meu lema é "Quem Kant, seus males espante"...

Mussak – Kant nos dizia que somos mobilizados basicamente por três forças: nossos desejos, nossas vontades e nossos arbítrios. Uma das funções da liderança seria dar o arbítrio para as pessoas realizarem os seus desejos e as suas vontades e, mais do que isso, criar vontades. E aí, estabelecendo uma conexão com a biologia, em neuropsicologia, dizemos que temos desejos e vontades e que são coisas diferentes. A diferença é que o desejo não depende do pensamento. Temos o desejo porque é da nossa biologia. E os nossos desejos originais são aqueles que nos mantêm a vida e aos quais já nos referimos: o desejo de comer, o desejo de descansar e o desejo de fazer sexo. Qualquer outra coisa que façamos – por exemplo, estudar, fazer ginástica, construir uma empresa – vai depender de uma força chamada vontade. E essa força chamada vontade deriva do pensamento.

O líder tem esse poder. O poder que é digno do nome é capaz de gerar vontade, gerar desejo. Nesse sentido, o líder se assemelha ao educador, pois se Freud, que descortinou o inconsciente para nós, afirma que a única forma de conduzir o próprio destino é a partir de uma profunda imersão em si mesmo, Jean Piaget, seu contemporâneo, diz que não mudamos o comportamento de ninguém apenas com base na psicologia; é necessário o auxílio da educação. A educação serve para isto: para estimular comportamentos por intermédio do pensamento. É com essa finalidade que usamos o conhecimento. Isso seria a atitude de um líder, seja ele professor ou diretor de escola, seja ele chefe de família ou líder político.

Cortella – Isso é autonomia. Aliás, a autonomia encarna aquilo que mais nos ajuda a ultrapassar turbulências. A frase é clássica e vale lembrá-la: "Você pode não controlar o vento, mas pode reorientar as velas do barco". Mas, claro, a pessoa só reorienta as velas se acreditar que tem a capacidade de fazê-lo, que tem a autonomia necessária – e acho que a tarefa do líder é inspirar a pessoa para essa reorientação.

Mussak – E dar-lhe também as condições para que faça isso.

Cortella – Para que não se torne delírio.

Mussak – Do contrário, ela vai à deriva. Vamos lembrar que o ser humano começou a reorientar as velas depois que os portugueses inventaram um tipo de vela chamada vela latina, que permitia navegar contra o vento. Isso deu a Portugal a liderança nos mares. Então, a liderança deriva, ao mesmo tempo, dessa força chamada vontade e também do desenvolvimento da técnica, ou seja, do uso da inteligência a serviço do desejo, do sonho.

Cortella – "Por mares nunca dantes navegados",[10] sejam os sete mares, seja a clássica frase do general **Pompeu**, lá no século I a.C.: "Navegar é preciso".

Mussak – E viver não necessariamente o é. Nós falávamos da importância do sonho, da importância de que o líder tenha

10. Em: Camões, *Os lusíadas,* canto I, parte I, cit.

uma visão e contagie as pessoas com seu entusiasmo... Citamos ainda Shakespeare, que diz que somos feitos da mesma matéria que compõe os nossos sonhos. Aproveito para lembrar um modesto Shakespeare brasileiro, chamado Raul Seixas, quando diz que "sonho que se sonha só é só um sonho, mas sonho que se sonha junto é realidade". Talvez esta seja a essência principal do líder: sonhar e fazer sonhar.

Cortella – Concordo. Por isso, como disse você e diria o nosso "maluco beleza": "Fique à vontade".

Mussak – Gostaria de terminar este agradável encontro com uma frase de Jack **Welch**, que tinha como marca de sua liderança a responsabilidade de formar outros líderes. Dizia ele a quem desejava ser um líder digno do nome: "Adote uma atitude positiva e espalhe-a a seu redor, nunca se deixe transformar em vítima e, pelo amor de Deus, divirta-se!".

GLOSSÁRIO

Aristóteles (384-322 a.C.): Filósofo grego, é considerado o fundador da lógica e uma das principais influências do pensamento ocidental. Foi discípulo de Platão e professor de Alexandre, o Grande. Defendia a busca da realidade pela experiência. Para ele, devia-se procurar o conhecimento por meio da inteligência.

Austen, Jane (1775-1817): Considerada pela crítica a primeira romancista moderna da literatura inglesa, trata em suas obras do cotidiano de pessoas comuns. Entre seus livros mais conhecidos estão *Orgulho e preconceito* e *Razão e sensibilidade*.

Bismarck, Otto von (1815-1898): Estadista alemão, criou a moeda corrente, o banco central, um único código de leis e realizou diversas reformas administrativas para o novo império formado durante o processo de unificação da Alemanha. Combateu o poder da Igreja católica, introduziu o sistema escolar da Prússia e o primeiro esquema de previdência social.

Bonaparte, Napoleão (1769-1821): General francês que foi imperador do país durante quase dez anos. Após um fracassado ataque à Rússia, foi obrigado a exilar-se. Ainda retornou à França com seu exército, iniciando seu governo de Cem Dias, mas, derrotado pelos ingleses na Batalha de Waterloo, foi para o exílio novamente, onde morreu.

Calcutá, Madre Teresa de (1910-1997): Missionária albanesa, Agnes Gonxha Bojaxhiu (seu verdadeiro nome) foi beatificada pela Igreja católica em 2003. Dedicou sua vida a ajudar os pobres, vivendo entre eles, fora do convento. Em 1979, recebeu o Prêmio Nobel da Paz pelos serviços prestados à humanidade.

Cícero, Marco Túlio (106-43 a.C.): Advogado, filósofo estóico, senador e escritor romano, foi o maior dos oradores e pensadores políticos romanos e o que mais influenciou os oradores modernos. São famosas suas *Catilinárias*, quatro violentos discursos pronunciados no senado contra Lúcio Sérgio Catilina, chefe de uma conspiração. É autor de extensa obra que compreende discursos, tratados filosóficos e retóricos, cartas e poemas.

Collor de Mello, Fernando (1949): Primeiro presidente eleito do Brasil por voto direto após o regime militar. Renunciou ao cargo em 1992, depois de várias denúncias de corrupção, na tentativa de evitar seu *impeachment*. Mesmo assim, teve seus direitos políticos cassados por oito anos.

Copérnico, Nicolau (1473-1543): Cientista, fundador da astronomia moderna. Contrário à ideia de Ptolomeu, defendeu a tese de que todos os planetas, inclusive a Terra, giravam em torno do Sol. Segundo ele, a Terra girava sobre si mesma e as estrelas ficavam muito distantes de nós. Somente após o surgimento de Galileu Galilei é que essa verdade pôde ser provada.

Danton, Georges Jacques (1759-1754): Advogado e político francês que teve papel de destaque durante a Revolução Francesa, ao opor-se ao Terror e a Robespierre. Morreu guilhotinado com outros revolucionários.

Darwin, Charles (1809-1882): Biologista e naturalista inglês, responsável pela teoria da evolução das espécies a partir de um ancestral comum. O pensamento conservador reagiu a suas ideias; embora os cientistas tenham concluído que ele estava certo, a polêmica permanece até hoje nos meios filosóficos e religiosos.

De Masi, Domenico (1938): Professor de Sociologia de Trabalho na Universidade La Sapienza, de Roma, escreveu diversas obras, entre as quais *A emoção e a regra*, *A sociedade pós-industrial*, *O ócio criativo* e *O futuro do trabalho*.

Dumas, Alexandre [pai] (1802-1870): Escreveu peças, artigos para revistas e romances cheios de aventura. Apesar de perdulário, soube conduzir sua carreira: reescreveu uma de suas peças e a lançou de forma seriada no jornal. A seguir, criou um estúdio de produção que publicou centenas de histórias, todas sujeitas a seu crivo. Casado com a atriz Ida Ferrier, mantinha casos com outras mulheres, sendo pai de pelo menos três filhos fora do casamento, um dos quais, que recebeu o seu nome, seguiria seus passos na carreira de novelista e escritor de peças teatrais.

Ford, Henry (1863-1947): Pioneiro na criação de uma fábrica moderna, implantou a linha de montagem, produzindo mais carros em menos tempo, a um custo menor.

Frankl, Viktor Emil (1905-1997): Judeu vienense, doutor em medicina e psiquiatria e doutor *honoris causa* em diversas universidades mundiais, inclusive no Brasil. Era um existencialista humanista que via as pessoas como seres ativos, conscientes e livres. Frankl, que esteve em campos de concentração de 1942 a 1945, ajudava os companheiros de martírio a enfrentar com dignidade os desafios cotidianos.

Freud, Sigmund (1856-1939): Médico neurologista e psiquiatra austríaco. É conhecido como o "pai da psicanálise" por seu pioneirismo nos estudos sobre a mente e por apresentar ao mundo o inconsciente humano. Dentre seus seguidores destacam-se Alfred Adler e Carl Jung. Possui diversas obras publicadas.

Fromm, Erich (1900-1980): Psicanalista alemão, emigrou para os Estados Unidos após a ascensão de Hitler ao poder. Para Fromm, a personalidade de um indivíduo era resultado de aspectos biológicos, socioeconômicos e culturais, ponto em que discordava de Freud, que privilegiava a influência do inconsciente. Sua obra procura levar à reflexão sobre as diversas formas de totalitarismo e alienação.

Gandhi, Mahatma (1869-1948): Estadista indiano e líder espiritual, dedicou-se a lutar contra a opressão e a discriminação colonialista britânica. Desenvolveu a política da resistência passiva e da não violência. Liderou o movimento pela independência da Índia em 1947, mas acabou sendo assassinado por um antigo seguidor.

Gardner, Howard (1946): Psicólogo e professor norte-americano especialista em educação e neurologia, autor da teoria das inteligências múltiplas. Howard definiu sete inteligências com base na ideia de que o ser humano possui um conjunto de diferentes capacidades. Desde a década de 1980, é professor da Universidade de Harvard (EUA).

Gowin, Bob: Professor em várias universidades norte-americanas, apresentou, em 1970, o primeiro seminário sobre "Filosofia e Pesquisas em Educação", com o qual recebeu o prêmio de Excelência em Ensino. Em 1996 publicou, em coautoria com Joseph Novak, o livro *Aprender a aprender*, traduzido para cerca de dez línguas.

Hegel, Georg Wilhelm Friedrich (1770-1831): Filósofo alemão, defendia uma concepção monista, segundo a qual, mente e realidade exterior teriam a mesma natureza. Acreditava que a história é regida por leis necessárias e que o mundo constitui um único todo orgânico.

Heráclito (550-480 a.C.): Filósofo grego. Sua filosofia se baseia na tese de que o universo é uma eterna transformação, onde os contrários se equilibram.

Hitler, Adolf (1889-1945): Ditador político alemão, responsável por um dos maiores genocídios da história. Invadiu a Polônia em 1939, provocando a Segunda Guerra Mundial. Mandou milhões de judeus para campos de concentração e conquistou vários países da Europa. Em abril de 1945, foi derrotado pelas tropas soviéticas e suicidou-se no seu *bunker*.

Johnson, Lyndon (1908-1973): Presidente dos Estados Unidos de 1963 a 1969. Durante seu governo, envolveu ainda mais o país na Guerra do Vietnã, o que gerou numerosos protestos internos.

Jung, Carl Gustav (1875-1961): Psiquiatra suíço, fundador da psicologia analítica, foi um dos maiores estudiosos da vida interior do homem e tomou a si mesmo como matéria-prima de suas descobertas.

Kant, Immanuel (1724-1804): Filósofo alemão, suas pesquisas conduziram-no à interrogação sobre *os limites da sensibilidade e da razão*. A filosofia kantiana tenta responder às questões: Que podemos conhecer? Que podemos fazer? Que podemos esperar?

Khan, Gêngis (1167?-1227): Gênio militar, Temudjin – seu verdadeiro nome – conquistou várias tribos mongóis e, em uma assembleia dos chefes tribais, foi proclamado Gêngis Khan, o soberano universal. Era um excelente guerreiro, mas também ótimo administrador e legislador. Ergueu um império que se estendia do Cáucaso ao rio Indo e do mar Cáspio a Pequim.

Kissinger, Henry (1923): Nascido na Alemanha, foi secretário de Estado dos Estados Unidos de 1973 a 1977. Ganhou o Prêmio Nobel da Paz, em 1973, pelo acordo que pôs fim à Guerra do Vietnã. É consultor internacional, palestrante e autor de vários livros.

Klink, Amyr (1955): Natural de São Paulo, é formado em Economia e pós-graduado em Administração de Empresas. Comandante da embarcação, foi sócio-fundador do Museu Nacional do Mar, em São Francisco do Sul (SC), e da revista *Horizonte Geográfico*. É membro da Royal Geographical Society e assessor de expedições da revista *National Geographic Brasil*. Ministra palestras sobre temas como planejamento estratégico, gerenciamento de risco e trabalho em equipe. Mantém ainda uma escola de navegação para jovens carentes.

Lama, Dalai (1935): Líder espiritual tibetano, ganhou o Prêmio Nobel da Paz de 1989, em reconhecimento à sua campanha pacifista para acabar com a dominação chinesa no Tibet. Após uma rigorosa preparação, que incluiu o estudo do budismo, de história e filosofia, Tenzin Gyatso assumiu o poder político em 1950, ano em que o Tibet foi ocupado pela China. Em 1959, após o fracasso de uma rebelião nacionalista contra o governo chinês, exilou-se na Índia, onde permanece até hoje.

Lamarck, Jean-Baptiste (1744-1829): Considerado o fundador da biologia como ramo específico da ciência. Precursor do pensamento de Darwin, defendeu a ideia de que a necessidade de se adaptar às mudanças do meio ambiente explica a evolução das espécies, ao transmitir a mutação às futuras gerações.

Lobato, Monteiro (1882-1948): Escritor brasileiro nascido em Taubaté, foi um homem público de expressão, tendo liderado campanhas nacionalistas, como "O petróleo é nosso", e praticado um jornalismo combativo. Em seu conto regionalista intitulado *Urupês*, surge a figura do caipira Jeca Tatu. Lobato destacou-se principalmente na literatura infantil. É autor da série do Sítio do Pica-Pau Amarelo, que inclui livros como *Reinações de Narizinho* e *Caçadas de Pedrinho*.

Luther King, Martin (1929-1968): Pastor batista norte-americano e líder de movimentos pelos direitos civis dos negros. Organizou, em 1963, uma marcha pacífica que contou com a participação de 200 mil pessoas. Ganhou o Prêmio Nobel da Paz em 1964. Foi assassinado na cidade de Memphis (EUA), em 14 de abril de 1968.

Mandela, Nelson (1918): Advogado, ex-líder rebelde, ex-presidente da África do Sul, é o principal representante do movimento antiapartheid, ativista e guerrilheiro.

Maquiavel, Nicolau (1469-1527): Autor de *O príncipe*, estabelece uma separação entre política e ética: para ele, os fins justificavam os meios. Apropria, em suas obras, os conceitos de *virtù* e *fortuna*.

Marat, Jean-Paul (1743-1793): Nascido na Suíça, foi militante de destaque na Revolução Francesa. Jornalista, era visto como porta-voz dos jacobinos, a ala mais radical da revolução. Foi assassinado por uma militante dos girondinos, grupo político moderado.

Marins, Luiz Almeida (1949): Antropólogo, palestrante e consultor de empresas nacionais e internacionais. Tem vários livros sobre motivação empresarial.

Marx, Karl (1818-1883): Cientista social, filósofo e revolucionário alemão, participou ativamente de movimentos socialistas. Seus estudos resultaram na obra *O capital* (1867), que exerceu e ainda exerce influência sobre o pensamento político e social no mundo todo.

Melville, Herman (1819-1891): Escritor, poeta e ensaísta americano. Sua obra de maior sucesso, até hoje, é o romance *Moby Dick*.

Morus, Thomas (1478-1535): Filósofo e santo da Igreja católica, sua obra mais famosa é *Utopia*, em que concebe uma sociedade perfeita.

Mussolini, Benito (1883-1945): Criador do fascismo, foi ditador da Itália de 1922 a 1943. Organizou esquadrões armados para instigar o terror e combater os socialistas. Foi nomeado primeiro-ministro pelo rei Vitor Manuel III e alcançou a maioria parlamentar. A seguir, iniciou uma campanha, com apoio da burguesia e da Igreja, que culminaria com o aumento do seu poder, graças à interdição dos outros partidos políticos e sindicatos.

Nietzsche, Friedrich (1844-1900): Filósofo alemão, elaborou críticas devastadoras sobre as concepções religiosas e éticas da vida, propondo uma reavaliação dos valores humanos. Algumas de suas obras mais conhecidas são *A gaia ciência* (1882), *Assim falou Zaratustra* (1883), *Genealogia da moral* (1887) e *Ecce homo* (1888).

Ortega y Gasset, José (1883-1955): Filósofo espanhol, atuou também como jornalista e ativista político. Foi um dos mais importantes ensaístas do século XX.

Piaget, Jean (1896-1980): Psicólogo e pedagogo suíço, responsável pela mais abrangente teoria sobre o desenvolvimento intelectual (cognitivo). As ideias de Piaget e o ensino baseado em suas descobertas vêm influenciando o planejamento do currículo escolar e os educadores contemporâneos.

Platão (427-347 a.C.): Filósofo grego, discípulo de Sócrates. Afirmava que as ideias são o próprio objeto do conhecimento intelectual. O papel da filosofia seria libertar o homem do mundo das aparências para o mundo das essências. Platão escreveu 38 obras; por causa do gênero literário predominante adotado, essas obras fizeram-se conhecidas pelo nome coletivo de *Diálogos*.

Pompeu, Cneu (106-48 a.C.): Famoso político romano, ambicioso, general de Sila, operou com êxito na África e foi procôncul na Espanha. Personagem de destaque do primeiro século antes da era cristã, atuou para definir as forças que levavam a Roma republicana a se transformar em império.

Ricouer, Paul (1913-2005): Filósofo francês, um dos principais pensadores da hermenêutica (ou seja, a filosofia da interpretação). Foi professor na Universidade de Estrasburgo, na Sorbonne e em Chicago. Publicou numerosos livros, entre os quais *Tempo e narrativa*, em três tomos.

Robespierre, Maximilien de (1758-1794): Advogado e político francês, encarnou a tendência mais radical da Revolução Francesa. Instaurou o regime do Terror e mandou executar Danton, que propunha um rumo mais moderado para a revolução. Morreu guilhotinado.

Rodrigues, Nelson (1912-1980): Jornalista e dramaturgo, é considerado por alguns como o mais revolucionário personagem do teatro brasileiro. Seus textos eram permeados de incestos, crimes e suicídios. Entre suas peças, destacam-se *Vestido de noiva* e *Toda nudez será castigada.*

Rousseau, Jean-Jacques (1712-1778): Membro de família protestante francesa, Rousseau nasceu em Genebra, Suíça. Sua obra abrange uma grande dimensão de pensamento e de complexidade sobre a natureza humana e a sociedade.

Russell, Bertrand (1872-1970): Matemático e filósofo britânico, foi um dos mais influentes pensadores do século XX, conhecido por suas campanhas a favor da paz e do desarmamento. Crítico das instituições sociais opressoras, participou ativamente de movimentos pela defesa da liberdade humana. Prêmio Nobel de Literatura em 1950.

Sartre, Jean-Paul (1905-1980): Filósofo e escritor francês, foi um dos principais representantes do existencialismo. Romancista, dramaturgo e crítico literário, Sartre conquistou o prêmio Nobel, em 1964, mas o recusou. *Crítica da razão dialética* sintetiza a filosofia política do autor. *O ser e o nada* e *O muro* são algumas de suas obras mundialmente conhecidas.

Sócrates (470-399 a.C.): Filósofo grego, não deixou obra escrita. Seus ensinamentos são conhecidos por fontes indiretas. Praticava filosofia pelo método dialético, propondo questões acerca de vários assuntos.

Souza, César (1952): Nascido na Bahia, é administrador de empresas. Foi executivo internacional e hoje atua como consultor empresarial e palestrante. Tem várias publicações, entre elas os livros *Clientividade* e *Você é do tamanho de seus sonhos.*

Stalin, Joseph Vissarionovich (1879-1953): Estadista comunista soviético, ocupou o governo após a morte de Lenin. Nos anos 1930, instaurou um regime de terror: acabou com as liberdades individuais e criou uma estrutura policial e militar de combate aos inimigos do regime, causando a morte de milhões de pessoas.

Taylor, Frederick Winslow (1856-1915): Fundador da moderna administração de empresas. Introduziu um método para aumentar a produtividade, baseado na racionalização da produção em série, que revolucionou a organização das empresas: o processo de produção passava a ser subdividido em pequenos segmentos, que eliminavam movimentos supérfluos, poupando assim tempo e acelerando o ritmo.

Verissimo, Luis Fernando (1936): Consagrou-se por seu estilo humorístico. Escreve para os jornais *Zero Hora*, *O Estado de S. Paulo* e *O Globo*. É autor de várias obras que reúnem suas crônicas. Seu trabalho também é conhecido na TV, pois adaptou para minissérie o livro *Comédias da vida privada*.

Verne, Júlio (1828-1905): Escritor francês, é considerado por muitos o precursor da ficção científica. Previu, em suas obras, feitos como a criação do submarino e a viagem do homem à Lua, entre outros. *Vinte mil léguas submarinas*, *Viagem ao centro da Terra* e *A volta ao mundo em 80 dias* são alguns de seus livros de maior destaque.

Voltaire (1694-1778): Pseudônimo do filósofo, ensaísta, deísta, iluminista francês e escritor François Marie Arouet, conhecido pela defesa das liberdades civis. Polemista satírico, frequentemente usou suas obras para criticar a Igreja católica e as instituições francesas do seu tempo. Suas ideias influenciaram importantes pensadores da Revolução Francesa.

Welch, Jack (1935): Executivo norte-americano, foi, por 20 anos, CEO da General Electric, elevando o valor da empresa de US$ 13 bilhões para várias centenas de bilhões de dólares. Em 2000, foi nomeado "gerente do século" pela revista *Fortune*. Em 2005, foi eleito o "CEO mais admirado" dos últimos 20 anos pelos leitores da revista *Chief Executive* e o "maior líder mundial" da atualidade em uma pesquisa realizada pela revista *Fast Company*.

Especificações técnicas

Fonte: Adobe Garamond 12,5 p
Entrelinha: 18,3 p
Papel (miolo): Off-white 80 g
Papel (capa): Cartão 250 g
Impressão e acabamento: Paym